CHINA TRANSPORTATION DEVELOPMENT REPORT

中国交通运输发展报告

（2019）

国家发展和改革委员会综合运输研究所◎编著

中国市场出版社
China Market Press
·北 京·

图书在版编目（CIP）数据

中国交通运输发展报告. 2019年 / 国家发展和改革委员会综合运输研究所编著. —北京：中国市场出版社，2019.9

ISBN 978-7-5092-1874-7

Ⅰ. ①中… Ⅱ. ①国… Ⅲ. ①交通运输发展–研究报告–中国–2019 Ⅳ. ①F512.3

中国版本图书馆CIP数据核字（2019）第156184号

中国交通运输发展报告（2019）

ZHONGGUO JIAOTONG YUNSHU FAZHAN BAOGAO（2019）

国家发展和改革委员会综合运输研究所　编著

责任编辑：许　慧（xu_hui1985@126.com）

出版发行：中国市场出版社 China Market Press

地　　址：北京市西城区月坛北小街2号院3号楼（100837）

电　　话：编 辑 部（010）68012468　读者服务部（010）68022950

总 编 室（010）68020336　盗 版 举 报（010）68020336

发 行 部（010）68021338　68020340　68053489

68024335　68033577　68033539

印　　刷：河北鑫兆源印刷有限公司

规　　格：170毫米×240毫米　16开

印　　张：13.75　　**字　　数：**166千字

版　　次：2019年9月第1版　　**印　　次：**2019年9月第1次印刷

书　　号：ISBN 978-7-5092-1874-7

定　　价：128.00元

本书编委会

PREFACE

前 言

《中国交通运输发展报告》(以下简称年度报告)始自2016年，是国家发展和改革委员会基础产业司与综合运输研究所结对推进工作协议的产物，自2017年开始，由国家发展和改革委员会综合运输研究所编著发布。年度报告融数据文献的资料性与分析研究的学术性为一体，基本出发点是使相关机构和个人了解交通运输发展的年度基本概况。在编制前期阶段，我们深入分析了类似年度报告的特点，在此基础上明确了本报告的主要内容、主要框架，重点体现了研究范围的综合性、资料内容的全面性和报告内容的观点性等特点。

《中国交通运输发展报告(2019)》延续历年报告的总体框架，由发展成就、改革政策、交通建设、区域发展、发展展望和附录六部分组成，针对新形势、新变化、新要求，编委会对有关章节的内容进行局部调整。例如，在“区域发展”一章增加了粤港澳大湾区、长三角区域交通运输发展相关内容。本报告的编写得到了国家发展和改革委员会基础产业司及地方发展改革部门的大力支持，他们及时认真地提供了本地区的素材，是报告顺利完成的重要基础。本报告统计数据未包括香港、澳门特区和台湾地区。

本报告系统客观全面地总结了交通运输发展的年度基本情况，分析其特点，探讨交通运输发展的趋势，可以为各级政府部门、研究机构和交通企业提供重要参考，也是社会各界了解中国交通运输行业发展状况的重要读物。囿于时间、资料收集渠道、编写人员水平，缺陷与错误在所难免，敬请广大读者批评指正。我们将加倍努力，使年度报告越办越好。

CONTENTS

目　录

附　录

附录二 重要政策 125

附录三 重大项目 199

附录四 综合运输高端智库 203

Chapter 01

第一章 发展成就

2018 年是我国面对外部挑战与国内矛盾交织叠加的一年，是改革开放 40 周年，是全面贯彻落实党的十九大精神的开局之年。这一年，交通运输“稳中有变、变中有新”，有力支撑经济稳增长部署，交通投资保持高位运行，综合交通网络化发展能力增强，运输结构调整初见成效，交通装备技术现代化、智能化加速发展，交通新模式新技术新业态规范化发展，交通与经济产业融合深度广度进一步提升，推动交通运输高质量发展取得良好开局。

一、交通投资继续维持较高景气，设施网络化布局日益完善

（一）固定资产投资高位运行，设施网络补短板持续深入

2018年，我国交通固定资产投资（含城市轨道交通）共完成37705亿元，同比增长4.4%。分方式看，铁路完成固定资产投资8028亿元，同比增长0.2%。公路建设完成投资21335亿元，同比增长0.4%。其中，高速公路建设完成投资9972亿元，增长7.7%；普通国省道建设完成投资6378亿元，下降12.2%；农村公路建设完成投资4986亿元，增长5.4%。水运建设完成投资1191亿元，同比下降3.8%。其中，内河建设完成投资628亿元，增长10.3%；沿海建设完成投资563亿元，下降15.8%。公路水路支持系统及其他建设完成投资824亿元，同比增长26.9%。民航基本建设与技术改造完成投资858亿元，同比下降1.3%。城市轨道交通建设完成投资5470亿元，同比增长14.9%。2018年交通固定资产投资完成情况见表1-1。

表1-1　　2018年交通固定资产投资完成情况

领　域	投资规模（亿元）	同比增长（%）
总　计	**37705**	**4.4**
铁路	8028	0.2
公路建设	21335	0.4
高速公路	9972	7.7
普通国道	6378	–12.2
农村公路	4986	5.4

续表

领　域	投资规模（亿元）	同比增长（%）
水运建设	1191	-3.8
内河	628	10.3
沿海	563	-15.8
公路水路及其他	824	26.9
民航建设	858	-1.3
城市轨道交通	5470	14.9

数据来源：2018 年交通运输行业发展统计公报、民航行业发展统计公报、铁道统计公报以及《城市轨道交通 2018 年度统计和分析报告》

交通固定资产投资保持高位运行，尤其是铁路、公路、城市轨道等投资持续增长，有力地发挥了交通基础设施建设对经济发展“稳增长”的作用，也对既有交通基础设施网络化建设形成了有效的“补短板”支撑。2018 年我国交通固定资产投资（不含管道、城市轨道交通）月度累计金额情况见图 1-1。

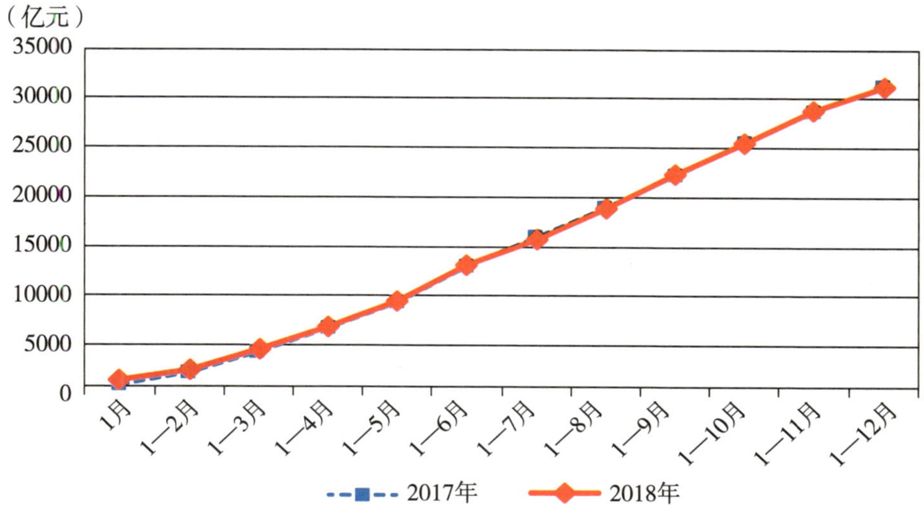

图 1-1　2018 年我国交通固定资产投资月度累计金额情况

数据来源：交通运输部、中国民用航空局、中国铁路总公司月度快报数。

（二）铁路投资连续 5 年超 8000 亿元，投产高速铁路新线占比提升明显

2018 年，铁路完成固定资产投资 8028 亿元，连续 5 年保持 8000 亿元以上规模投资，成为交通固定资产投资增长的重要“稳定器”。全年投产新线 4683 公里，其中高速铁路 4100 公里，占比达 87.6%，较 2017 年提高 15.8 个百分点。铁路营业里程 13.1 万公里以上，路网密度 136.9 公里 / 万平方公里。其中，复线里程 7.6 万公里，复线率 58.0%；电气化里程 9.2 万公里，电化率 70.0%，铁路复线率、电气化率较 2015 年 52.9%、60.8% 有明显提高。2018 年我国铁路固定资产投资月度累计金额情况见图 1–2。

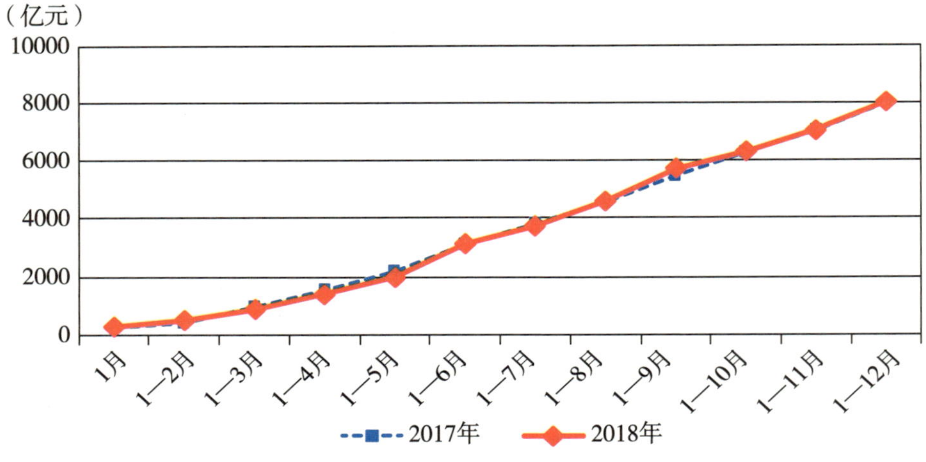

图 1–2　2018 年我国铁路固定资产投资月度累计金额情况

数据来源：《2018 年铁道统计公报》、中国铁路总公司月度快报数。

（三）公路投资增速有所放缓，但路网密度得到有效提升

2018 年，公路建设完成投资 21335 亿元，同比增长 0.4%，

增速较上年有所放缓，但公路投资总体高位运行的态势进一步提升完善了全国路网密度。全年全国公路新增通车里程 7.31 万公里，公路密度首次超过 50 公里 / 百平方公里，达到 50.48 公里 / 百平方公里。公路养护里程达到 475.78 万公里，占公路总里程 98.2%。2018 年我国公路固定资产投资月度累计金额情况见图 1–3。

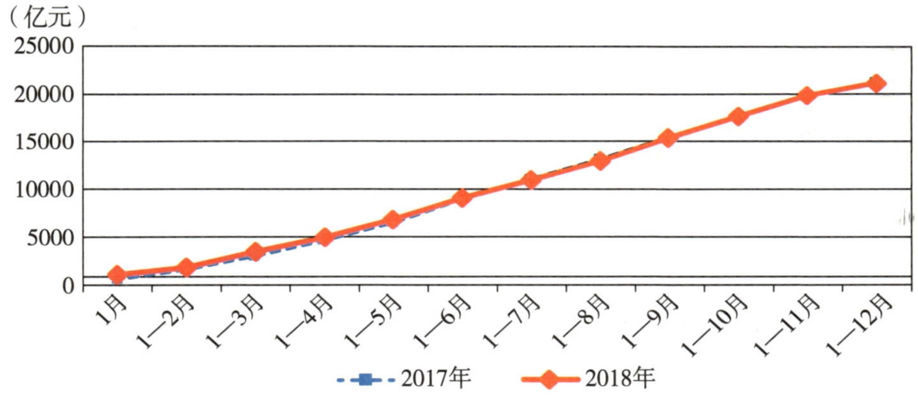

图 1–3　2018 年我国公路固定资产投资月度累计金额情况

数据来源：交通运输部月度快报数。

（四）水运投资结构调整持续深化，内河航道等级建设加快

2018 年，全国水运固定资产投资同比下降 3.8%，投资结构持续调整，连续三年呈现“内河投资增长和沿海投资下降”态势，围绕内河干支衔接网络的投资持续加强。全年水运领域内河投资同比增长 10.3%，内河航道通航里程 12.71 万公里，新增 108 公里。内河高等级航道建设不断加快，长江南京以下 12.5 米深水航道全线贯通，三级及以上航道里程达到 1.35 万公里，占总里程 10.6%，

同比提高 0.8 个百分点。2018 年我国水运固定资产投资月度累计金额情况见图 1-4。

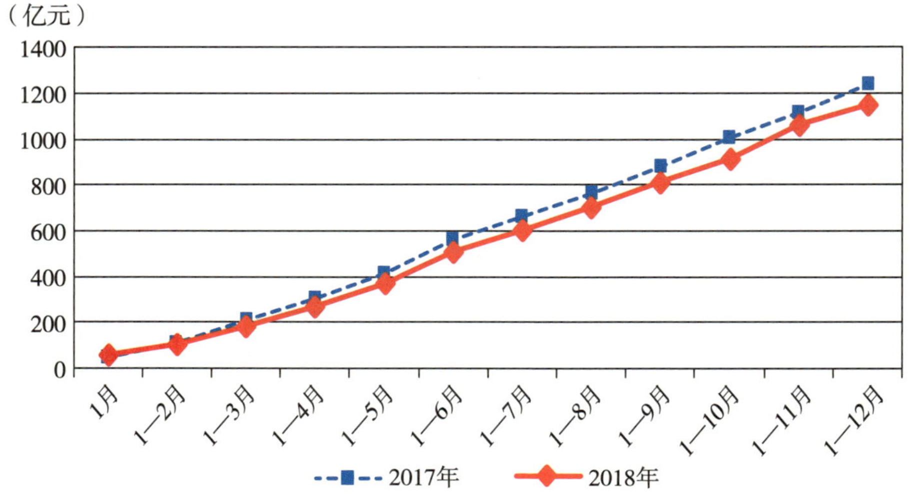

图 1-4　2018 年我国水运固定资产投资月度累计金额情况

数据来源：交通运输部月度快报数。

（五）民航投资有所下降，枢纽机场发展结构不断优化

2018 年，民航基本建设和技术改造投资较上年下降 1.3%，但大型机场比例不断增加。全国颁证运输机场达到 235 个，其中，旅客吞吐量千万级机场共 37 个，同比增加 5 个。北京首都机场、上海浦东机场、广州白云机场等国际枢纽与区域枢纽间“空中快线”持续加密，三地国际与地区航线比例同比分别提高 1.4、0.5、1.3 个百分点，发展结构不断优化。2018 年我国民航基本建设和技术改造投资月度累计金额情况见图 1-5。

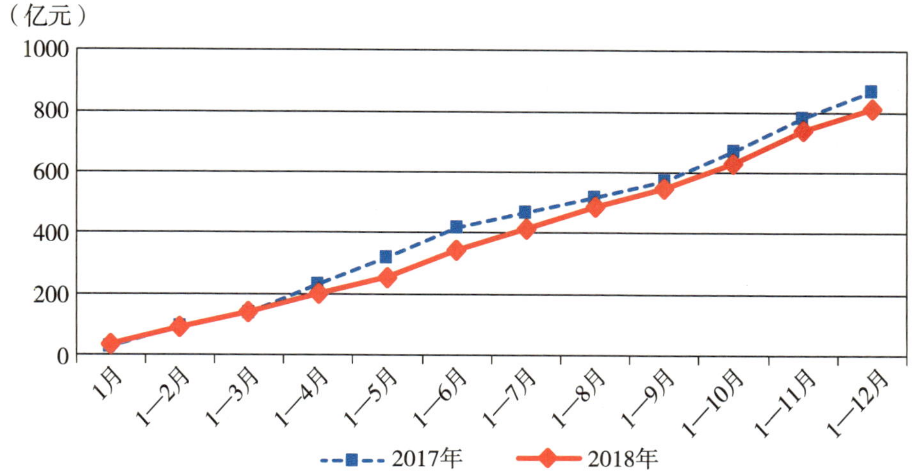

图 1-5 2018 年我国民航基本建设和技术改造投资月度累计金额情况

数据来源：中国民用航空局月度快报数。

（六）城市轨道交通投资持续增长，轨道交通建设门槛明确

2018 年我国城市轨道交通（含有轨电车）完成投资 5470 亿元，同比增长 14.9%，虽然增速有所放缓，但是仍保持强劲发展势头。全年新增运营线路 20 条，新增运营线路长度 728.7 公里。目前已经批准的建设规模和已经开工建设的在建规模均处于高位，为城镇化发展和现代化城市建设奠定重要基础。值得注意的是，2018 年 8 月国务院办公厅印发《关于进一步加强城市轨道交通规划建设管理的意见》（国办发〔2018〕52 号），重新明确了建设申报条件，为轨道交通建设投资进一步指明方向。

二、运输服务格局不断优化，运输结构调整初见成效

2018年，全社会完成营业性客运量179.2亿人次、旅客周转量34213.5亿人公里、货运量514.6亿吨、货物周转量205451.6亿吨公里，同比分别下降3.1%、增长4.3%、增长7.1%、增长3.5%。全年城市轨道交通完成客运量212.77亿人次，同比增长15.4%。全国港口完成货物吞吐量143.51亿吨，同比增长2.5%。全国港口完成集装箱吞吐量2.51亿标准箱，同比增长5.3%。邮政行业业务总量完成12345.2亿元，增长26.4%；快递业务量完成507.1亿件，增长26.6%。

（一）客运市场营业性客运总量下降态势趋缓，结构持续优化且趋于稳定

1. 营业性客运量下降态势趋缓，结构优化趋于稳定

2018年，全社会完成营业性客运量179.2亿人次，同比下降3.1%，降幅较上年收窄1.4个百分点。其中，铁路完成旅客发送量33.7亿人次，同比增长9.4%，增速较上年放缓0.2个百分点，动车组发送旅客20.1亿人次，同比增长16.8%，占比59.4%，占比较上年提高3.0个百分点；公路完成营业性客运量136.5亿人次，同比下降6.3%，降幅较上年扩大0.9个百分点；水运完成客运量2.8亿人次，同比减少0.5%，增速降低较上年放缓5.2个百分点；民航完成旅客运输量6.1亿人次，同比增长10.9%，增速较上年放缓2.1个百分点。2018年我国各月度客运量完成情况见图1–6。

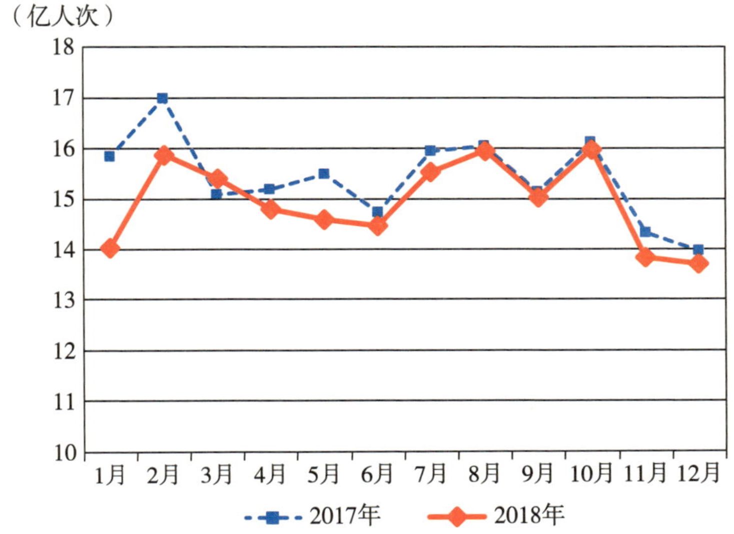

图 1–6　2018 年我国各月度客运量完成情况

数据来源：交通运输部、中国民用航空局、中国铁路总公司月度快报数。

2. 旅客周转量保持增长态势，客运需求增长趋势保持稳定

2018 年，全社会完成旅客周转量 34213.5 亿人公里，同比增长 4.3%，增速较上年放缓 0.5 个百分点。其中，铁路完成旅客周转量 14146.6 亿人公里，同比增长 5.1%，增速较上年放缓 1.9 个百分点；公路完成旅客周转量 9275.5 亿人公里，同比下降 5.0%，降幅较上年扩大 0.5 个百分点；水运完成旅客周转量 79.8 亿人公里，同比增长 2.7%，增速较上年放缓 5.0 个百分点；民航完成旅客周转量 10711.6 亿人公里，同比增长 12.6%，增速较上年放缓 0.9 个百分点，其中国际航线完成旅客周转量 6366.7 万人次，同比增长 14.8%。2018 年我国各月度旅客周转量完成情况见图 1–7。

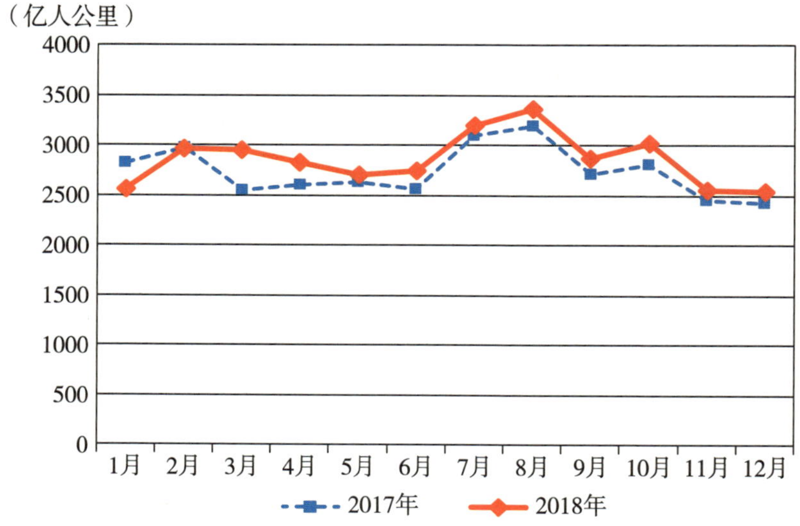

图 1–7　2018 年我国各月度旅客周转量完成情况

数据来源：交通运输部、中国民用航空局、中国铁路总公司月度快报数。

（二）货运市场运输结构调整初见成效，新动能促进行业提质增效

1. 货运量保持持续增长，各运输方式齐头并进发展

2018 年，我国全社会共完成营业性货运量（不含管道）506.1 亿吨，同比增长 7.2%，增速较上年放缓 2.3 个百分点。其中，铁路货运总发送量 40.3 亿吨，同比增长 9.2%，增幅较上年放缓 1.5 个百分点；公路完成货运量 395.9 亿吨，同比增长 7.4%，增速较上年放缓 2.7 个百分点；水运完成货运量 69.9 亿吨，同比增长 4.7%，增速较上年加快 0.4 个百分点；民航完成货邮运输量 738.5 万吨，同比增长 4.6%，增速较上年加快 1.1 个百分点。2018 年我国各月度货运量完成情况见图 1–8。

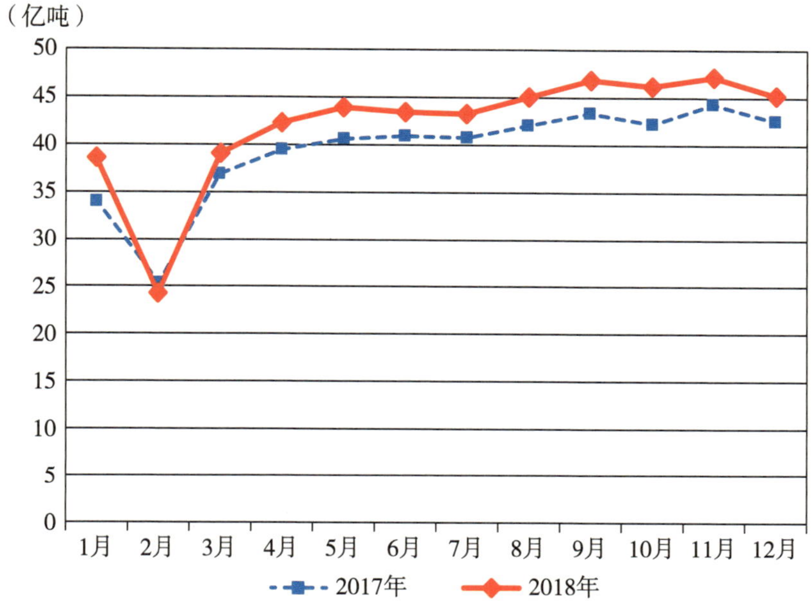

图 1–8 2018 年我国各月度货运量完成情况

数据来源：交通运输部、中国民用航空局、中国铁路总公司月度快报数。

2. 货物周转量保持增长，货运需求增速放缓

2018 年，我国全社会共完成货物周转量 205451.6 亿吨公里，同比增长 3.0%，增速较上年放缓 2.6 个百分点。其中，铁路完成货运总周转量 28821.0 亿吨公里，同比增长 6.9%，增速较上年放缓 6.3 个百分点；公路完成货运周转量 71202.5 亿吨公里，同比增长 6.6%，增速较上年放缓 2.7 个百分点；水运完成货物周转量 99303.6 亿吨公里，同比增长 0.7%，增速较上年放缓 0.6 个百分点；民航完成货邮周转量 262.4 亿吨公里，同比增长 7.7%，增速较上年放缓 1.8 个百分点。2018 年我国各月度货物周转量完成情况见图 1–9。

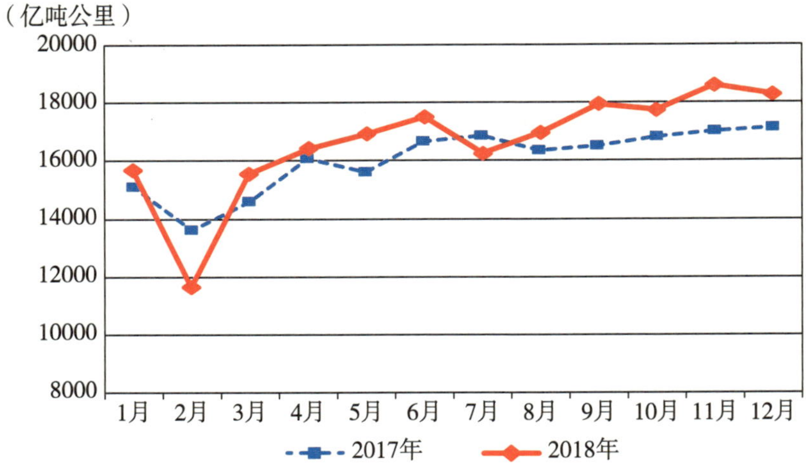

图 1–9　2018 年我国各月度货物周转量完成情况

数据来源：交通运输部、中国民用航空局、中国铁路总公司月度快报数。

3. 邮政业务总量突破 10000 亿元，快递业务突破 500 亿元

2018 年，我国完成邮政行业业务总量 12345 亿元，同比增长 26.4%。快递业务收入完成 6038.4 亿元，同比增长 21.8%，增速较上年放缓 2.9 个百分点。快递业务量完成 507.1 亿件，同比增长 26.6%，增速较上年放缓 1.6 个百分点。其中，同城业务量累计完成 114.1 亿件，同比增长 23.1%；异地业务量累计完成 381.9 亿件，同比增长 27.5%；国际 / 港澳台业务量累计完成 11.1 亿件，同比增长 34%。同城、异地、国际 / 港澳台快递业务量分别占全部快递业务量的 22.5%、75.3% 和 2.2%，与上年相比，同城快递业务量的比重下降 0.6 个百分点，异地快递业务量的比重上升 0.5 个百分点，国际 / 港澳台业务量的比重上升 0.1 个百分点。快递业务收入占邮政行业业务收入的 48.9%，收入占比较上年提高 1.9 个百分点，规模扩张向质量发展转变态势不断深化。2018 年我国完成快递业务量情况见图 1–10。

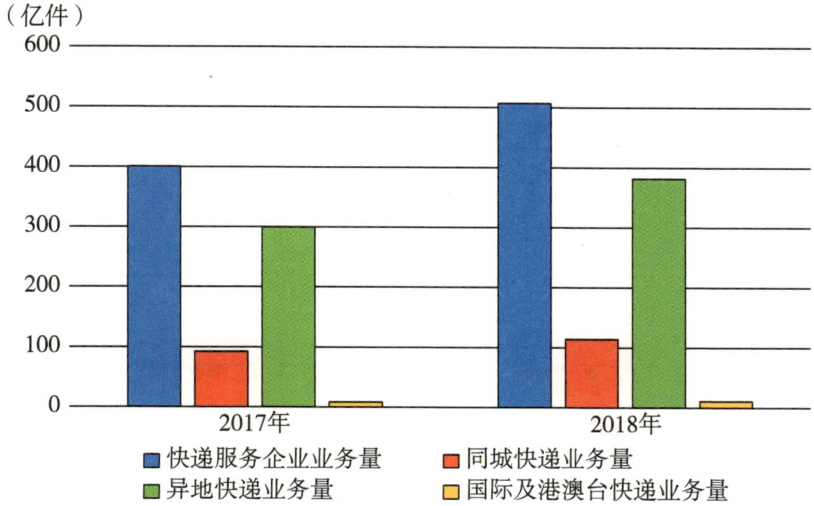

图 1-10　2018 年我国完成快递业务量情况

数据来源：《2018 年邮政行业发展统计公报》。

4. 港口货运发展增速趋缓，内河港口需求增速转负

2018 年，全国港口完成货物吞吐量 143.51 亿吨，同比增长 2.5%，增速较上年放缓 2.6 个百分点。其中，沿海港口完成 94.63 亿吨，同比增长 4.5%，增速较上年放缓 1.2 个百分点；内河港口完成 48.88 亿吨，同比下降 1.3%，增速较上年放缓 2.5 个百分点，与上年相比由正转负。全国港口完成外贸货物吞吐量 41.89 亿吨，同比增长 2.4%，增速较上年放缓 3.9 个百分点。其中，沿海港口完成 37.44 亿吨，内河港口完成 4.45 亿吨，同比分别增长 2.5%、1.6%，增速较上年放缓 3.3 和 8.4 个百分点。

全国港口完成集装箱吞吐量 2.51 亿 TEU，同比增长 5.3%，增速较上年放缓 3 个百分点。其中，沿海港口完成 2.22 亿 TEU，内河港口完成 2909 万 TEU，同比增长 5.2%、6.2%，增速分别较上年放缓 2.5 和 7.2 个百分点。全国规模以上港口集装箱铁水联运量提高，多式联

运发展势头初现。全年全国规模以上港口完成集装箱铁水联运量 450 万 TEU，同比增长 29.4%，占规模以上港口集装箱吞吐量的 1.80%。2018 年我国各月度沿海规模以上港口货物吞吐量完成情况及集装箱货物吞吐量完成情况见图 1–11、图 1–12。

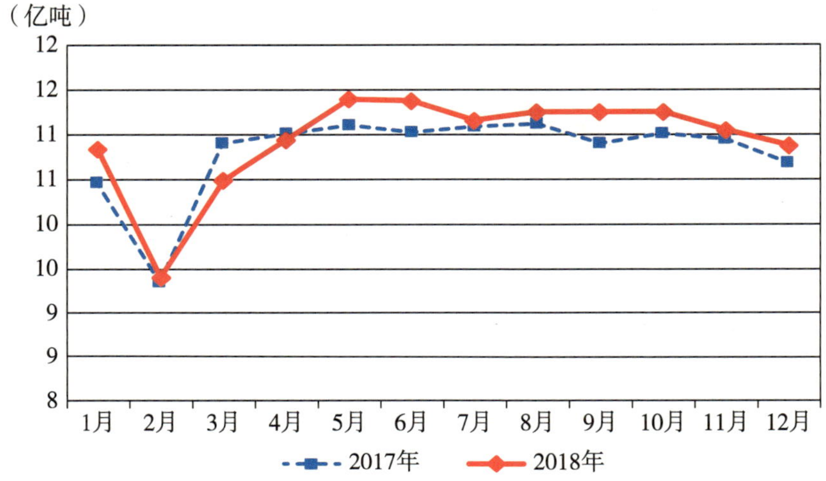

图 1–11　2018 年我国各月度沿海规模以上港口货物吞吐量完成情况

数据来源：《2018 年交通运输行业发展统计公报》、交通运输部月度快报数。

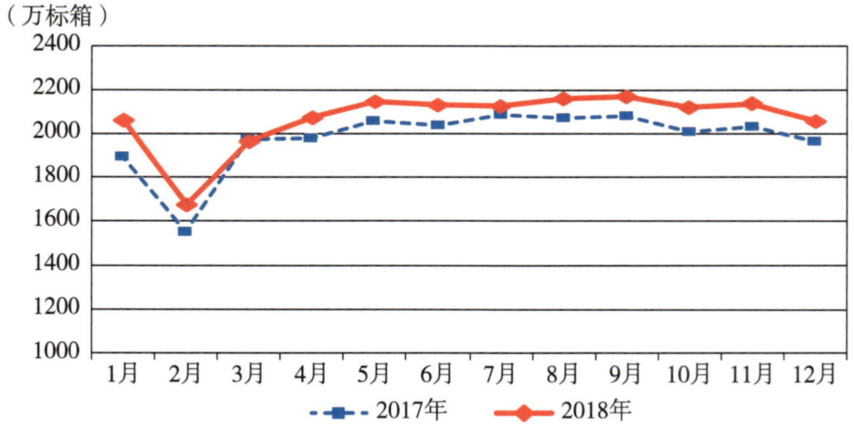

图 1–12　2018 年我国各月度沿海规模以上集装箱货物吞吐量完成情况

数据来源：《2018 年交通运输行业发展统计公报》、交通运输部月度快报数。

三、交通装备技术现代化发展加速，智能网联方向明确

（一）轨道交通装备不断发展，高端装备发展迅速

2018 年全国铁路机车拥有量为 2.1 万台。其中，内燃机车 0.81 万台，占 38.6%，继续呈下降态势，占比较上年下降 1.8 个百分点；电力机车 1.29 万台，占 61.3%，保持增长态势，占比较上年提高 1.8 个百分点。全国铁路客车拥有量为 7.2 万辆，比上年降低 0.1 万辆。其中，动车组 3256 标准组、26048 辆，比上年增加 2568 辆。全国铁路货车拥有量为 83.0 万辆，比上年增加 3.1 万辆，保持稳定增长。全国城市轨道交通配属车辆达 5898 列，同比增长 21.1%。电力机车占铁路机车比重继续提高，标准动车组快速增长，轨道交通运输装备技术水平不断提升。以“复兴号”长编组列车为代表的舒适型、体验型装备发展迅猛。2018 年“复兴号”列车 16 节长编组正式上线运行，该车通过对网络系统、供电系统、旅客信息系统、座位数量和舒适度、Wi-Fi 网络等进行提升，能完全满足复杂多样、长距离、长时间、连续高速运行、高运量等需求，可为乘客提供更舒适的乘车体验。2018 年我国铁路机车拥有量和城轨配属车辆变化情况见图 1-13。

（二）航空运输装备加快发展，客货结构出现调整

2018 年民航全行业运输飞机期末在册架数为 3639 架，同比增加 343 架。通用航空在册航空器总数达到 2495 架，其中教学训练用飞机 692 架。完成飞机起降 1108.8 万架次，其中运输架次为 937.3 万架次，

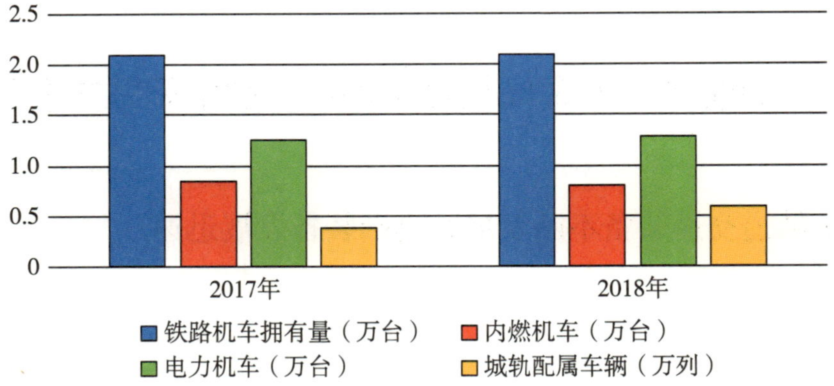

图 1-13　2018 年我国铁路机车拥有量和城轨配属车辆情况

数据来源：《2018 年交通运输行业发展统计公报》《城市轨道交通 2018 年度统计和分析报告》。

较上年增长 7.4%。分航线看，国内航线完成 1015.6 万架次，较上年增长 8.3%，其中内地至香港、澳门和台湾地区航线完成 19.7 万架次，较上年增长 2.3%；国际航线完成 93.3 万架次，较上年增长 7.3%。2018 年我国民用和通用航空机队规模变化情况见图 1-14。

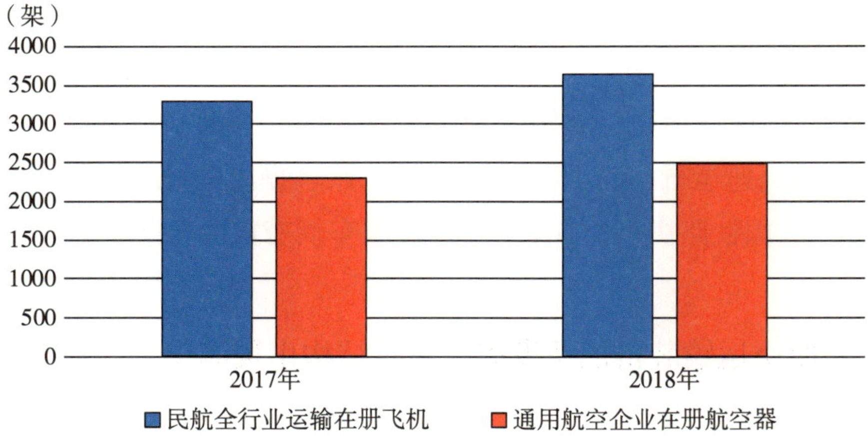

图 1-14　2018 年我国民用和通用航空机队规模变化情况

数据来源：《2018 年民航行业发展统计公报》。

（三）公路运输装备稳定发展，大型化、专业化、集约化水平显著提升

2018年年末，全国民用汽车保有量24028万辆（包括三轮汽车和低速货车906万辆），比上年年末增长10.5%，其中私人汽车保有量20730万辆，同比增长10.9%。民用轿车保有量13451万辆，同比增长10.4%，其中私人轿车12589万辆，同比增长10.3%。营运车辆方面，全国拥有公路营运汽车1435.48万辆，同比下降1.0%。全国拥有载客汽车79.66万辆，同比下降2.4%，降幅较上年收窄0.5个百分点；共有2048.11万客位，同比下降2.4%，降幅较上年扩大0.5个百分点。其中大型客车30.27万辆、1333.99万客位，同比分别下降1.0%、0.4%，增速由正转负，较上年放缓1.01、0.9个百分点。大型营业性载客汽车客位数占比为65.1%，较上年提高1.3个百分点，平均客位数由上年的43.8客位提高至44.1客位。这反映客运装备结构调整，大型车规模性发展趋向于稳定，逐渐向集约化的运输方式转变。

全国拥有载货汽车1355.82万辆，同比下降0.9%，增速由正转负，较上年降低了2.1个百分点，共12872.97万吨位，同比增长9.3%，增速降低了0.5个百分点。其中，普通货车816.76万辆，同比下降9.5%，共4791.21万吨位，同比下降1.6%；专用货车52.63万辆，共547.59万吨位，同比分别增长13.8%、9.7%；牵引车237.67万辆，同比增长14.7%；挂车248.76万辆，同比增长17.2%。营业性载货汽车平均吨位数由上年的8.6吨位提高至9.5吨位，其中大型载货汽车吨位数占比为94.2%，较上年提高1.6个百分点。公路转运火车、牵引车、挂车发展速度较快，货物运输朝大型化专业化发展。2018年我国公路营运汽车数量变化情况见图1-15。

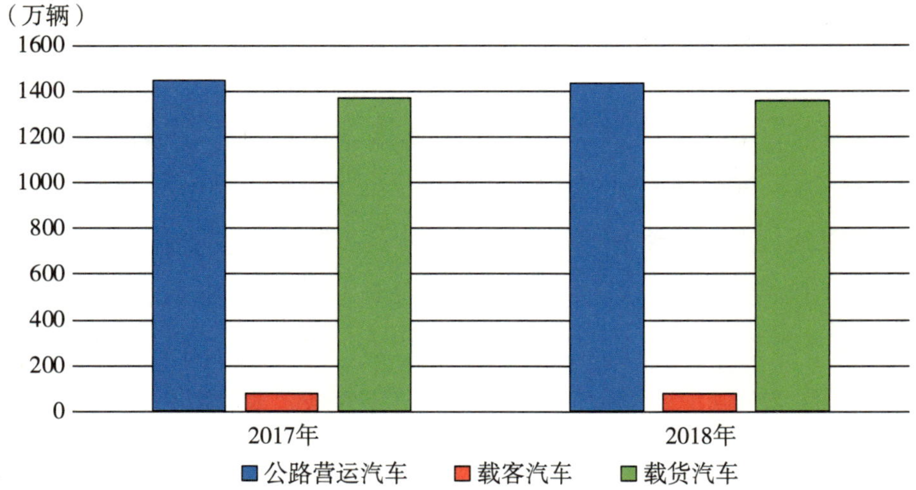

图 1-15　2018 年我国公路营运汽车数量变化情况

数据来源：《中华人民共和国 2018 年国民经济和社会发展统计公报》《2018 年交通运输行业发展统计公报》。

（四）水路运输船舶技术水平提升，总量结构持续调整

2018 年中国船舶工业集团有限公司与美国嘉年华集团、意大利芬坎蒂尼集团签订 2+4 艘 13.5 万总吨 Vista 级大型邮轮建造合同，标志着中国首艘具有世界先进水平的大型邮轮开始实质性设计建造，中国船舶工业正式开启了大型邮轮建造新时代。

2018 年，全国拥有水上运输船舶 13.70 万艘，同比下降 5.5%；净载重量 25115.29 万吨，同比下降 2.1%；载客量 96.33 万客位，同比下降 0.4%；集装箱箱位 196.78 万标准箱，同比下降 9.0%。水上运输船舶平均净载重量 1834 吨 / 艘，同比增长 3.6%。全国运输各类船舶数量均有所减少，但运输净重呈现增长趋势，水上运输装备发展更集约化。集装箱发展趋势存在差异性，远洋集装箱箱位有所下降。其

中，内河集装箱箱位 33.81 万 TEU，同比增长 4.1%，增速较上年放缓 5.1 个百分点；沿海集装箱箱位 56.62 万 TEU，同比增长 12.9%，增速较上年放缓 6.8 个百分点；远洋集装箱箱位 106.34 万 TEU，同比降低 20.4%，增速由正转负，较上年放缓 32.3 个百分点。

2018 年我国水上运输船舶拥有量变化情况见图 1–16。

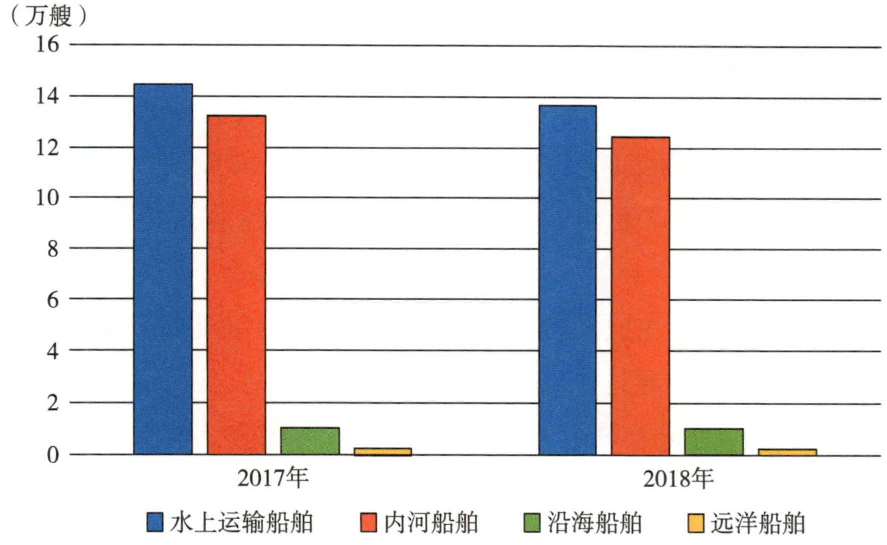

图 1–16　2018 年我国水上运输船舶拥有量变化情况

数据来源：《2018 年交通运输行业发展统计公报》。

（五）交通运输装备自动化、智能化发展加速，智能网联汽车加快布局

2018 年，从智能仓储、无人分拣到无人机、无人车等新应用，从人工智能、物联网、大数据到人脸识别、区块链等新技术，智慧交通逐步渗入交通运输行业。自动化分拣覆盖主要快递企业骨干分

拨中心，无人仓在行业内逐渐推广、应用，京东物流投用全国规模最大的机器人仓群，申通快递自主研发的国内首条超高速交叉带分拣系统已经投入使用，百世集团上线了智能仓储机器人、料箱搬运机器人、多层穿梭车系统。无人机在快递等领域的示范应用不断推进，京东物流自主研发的支线无人机“京鸿”完成首飞，顺丰与航天时代电子签署协同开展基于物流运营场景的无人机研制协议。自动驾驶技术稳步发展，确定了 3 家自动驾驶封闭场地测试基地，G7、运满满等推出基于自动驾驶技术的无人重卡、无人配送车及外卖机器人等产品，满帮集团与智加科技合作获得全国首张营运货车自动驾驶路测牌照，G7 联合普洛斯与蔚来资本组建嬴彻科技并研发自动驾驶新能源智能卡车。高速铁路列车自动驾驶（ATO）技术不断突破，中国通号自主研发的时速 350 公里高铁自动驾驶系统（CTCS-3+ATO）全套装备通过了试用评审，正式进入京沈客专载客运行的现场试用阶段。快递领域无人车驾驶应用不断推进，德邦快递在杭州上线快递行业首台可常态化运营的无人载重货车，京东物流自主研发的 L4 级无人重卡在美国硅谷完成 2400 小时路测并组建了全球首个由机器人组成的智能配送站。智能网联汽车加快布局，上海、北京、广州、重庆等地相继实施自动驾驶汽车上路实测，百度、上汽、蔚来、宝马汽车等国内外知名车企先后获得测试牌照，累计安全测试超过上万公里，推动 L3（有条件自动驾驶）及以上级别技术水平优化提升，并加快量产化步伐，保持了国内外的领先优势。南京、苏州、温州、合肥等长三角主要城市启动了长三角智能网联汽车一体化测试认证体系，促进智能网联汽车技术引领与产业集聚、智能网联汽车测试规范与标准化协同发展。

四、交通新模式新技术新业态加快发展，“互联网 + 交通”和“交通 + 产业”持续深入

（一）共享经济规范发展，便捷交通发展有法可依

2018 年网约车日均使用量达到 2000 万人次，共享单车大约是 1000 万人次。在共享交通快速蓬勃发展的同时，部分问题也逐渐显现，如顺风车安全事故，ofo 小黄车、TOGO（途歌）退押金事件，摩拜单车被美团收购，交通运输新业态协同监管成为关注的新焦点。建立交通运输新业态协同监管部际联席会议制度，形成交通运输新业态联合监管的合力，促进行业健康持续稳定发展。网约车和顺风车平台开展安全专项检查工作，232 个城市出台了网约车配套政策。39 个城市发布互联网租赁自行车监管实施细则，176 个城市出台快递车辆管理措施，为 5000 多万辆汽车建立维修电子健康档案。规范共享单车运营，深圳实施共享单车企业考核制（包括运营服务、运营管理、安全应急、创新管理、公众评价、附加项 6 大类），南京委托第三方调查机构对共享单车进行总量评估，并开展暂停新增车辆、所有车辆上牌、划定停车位等综合治理行动。交通运输新业态开展协同监管，网约车、共享单车得到了规范发展，满足了人民的美好生活需要，实现了社会的安全稳定。

（二）“互联网 + 交通运输”加快客货运服务迈向高质量发展

2018 年“互联网 + 便捷出行”“互联网 + 高效物流”深入发展，

推动客货运输高质量发展。智慧车站发展迅猛，乘客便捷舒适出行深入推进。联网售票不断推广，全国二级以上客运站联网售票覆盖率达 98%；人脸识别系统不断推进，广州、上海、四川、浙江、江苏等多地高铁、民航“刷脸”进站，检票只需 3～6 秒，准确率达到 99.8% 以上。“无纸化”乘车积极推进，32 家千万级机场国内航班全面实现电子二维码乘车；部分公路客运站通过收集 App 也实现无纸化乘车。智慧出行从单点城市迈向城市群网，沪杭甬率先启动地铁刷码互联互通，上海、宁波、杭州 3 个城市实现地铁刷码乘车互通；长株潭城际铁路沿线各车站无须预先购票，通过“铁路 e 卡通”手机扫码进站乘车，是全国铁路范围内首条扫码进站的乘车线路。线下定制客运路线层出不穷，因地制宜、因时制宜、因需制宜发展城际拼车、城际专线不断发展，吉林通化、河南南阳、河北邯郸、江苏镇江等地陆续开通城际专线、城际拼车服务。智慧物流不断推进，高效货运发展迅速。邮政企业建成智能仓储配送中心 1837 个，投递网点全部实现电子化。快递企业建成自动化分拨中心 232 个，主要企业骨干分拨中心基本实现自动化分拣，研发应用智能物流骨干网络规划平台、智能网络规划调度引擎，实现运输网络动态调控，有效增强运力调度能力。

（三）交通对外开放取得突破进展，成为运输服务发展新动能

2018 年交通对外开放水平不断提高。交通基础设施互联互通取得积极进展。中俄同江铁路桥中方工程完工，中俄黑河公路大桥、巴基斯坦“两大”公路、巴基斯坦一号干线铁路、中老铁路、中泰铁路以及瓜达尔港、汉班托塔港等项目有序推进。运输服务便利沿线各国。截至 2018 年年底，中欧班列已累计开行超过 12000 列。

在保持运量高速增长的同时，中欧班列双向运输日趋均衡，回程班列数量与去程班列的占比已达到71%，基本实现“去4回3”。开行范围不断扩大，国内开行城市56个，可通达欧洲15个国家49个城市，中欧班列运邮国际小包业务开通至欧洲23个国家。国际运输日趋便捷。围绕服务经济走廊建设累计签署双多边国际道路运输协定18个、双边和区域海运协定71个，与126个国家签署航空运输协定。中俄等国际道路运输开展试运行，中吉乌国际道路直达运输正式开通，国际道路客货运输线路达356条，海运互联互通指数保持全球第一，民航每周超过1.7万个定期客运航班和货运航班往返于中国与世界主要国家之间，邮政快递企业寄递范围覆盖200多个国家和地区。

（四）“交通 + 产业”持续深入发展

2018年，交通持续加强与经济社会融合，“交通 + 产业”进一步深度结合。《国家物流枢纽布局和建设规划》提出布局212个国家物流枢纽，带动物流运行效率提高，打造与现代化经济体系相适应的国家物流枢纽网络，实现产业结构和空间布局进一步优化。“交通 + 旅游”蓬勃发展，运游融合不断推进。高速公路服务区融入旅游休闲、购物、娱乐的功能，打造旅游商业综合体的模式；通过观光小火车、音乐公路、云梯、天空步道等，形成独特的游览体验形式；开发建设旅游公路、旅游风景道、休闲绿道，实现道路周边的自然与人文元素的植入；建立旅游集散中心联盟，信息互通，资源共享，拓展客运站旅游集散功能，支持旅游客运专线、旅游直通车线路发展，打造具有地方特色的运游业务互联互通互助。

五、述评：稳中有变，变中有新，交通运输高质量发展扬帆起航

（一）固定资产投资企稳运行，有力支撑经济稳增长部署

2018 年，自 7 月底中共中央政治局会议“稳投资”安排部署以来，交通相关部门积极应对年中 7、8 月份固定资产投资有所下降的趋势，加快“稳投资”相关工作安排，取得较为明显的成效。7 月以来，铁路累计投资增速转正并持续维持正增长；公路投资在经历 7、8 月负增长后加快发力，9—11 月投资同比均出现增长，二者共同支撑经济“稳增长”部署。从投资结构变化和支撑投资的新动能看，一方面，高铁等高等级设施建设投资增加；另一方面，中西部地区铁路、公路国省干道及农村地区基础设施建设投资增加。2018 年中西部地区完成铁路基建投资 3714 亿元，占全国铁路基建投资总额的 66.7%。公路方面，预计新增通车里程 8.6 万公里，其中主要为新建改建国省干线公路和农村公路，高速公路仅 6000 公里。此外，部分交通运输方式内部投资结构也有所调整，如水运领域内河投资增加，新增内河高等级航道达标里程 700 公里，而沿海投资减少。交通固定资产投资企稳运行，有力支撑了经济稳增长运行。

（二）基础设施建设取得突破进展，综合交通网络化发展能力进一步增强

港珠澳大桥完成主体工程验收并开通运营。东接香港，西接珠

海、澳门，全程55公里的港珠澳大桥，是世界上最长的跨海大桥，成为中国交通史上技术最复杂、建设要求及标准最高的工程之一。港珠澳大桥的贯通为我国引领隧道桥设计施工管理发展进程、推进交通强国建设奠定了坚实基础。同时，港珠澳大桥是连接粤港澳三地的跨境大通道，驾车从香港到珠海、澳门，将从3小时缩短至45分钟，香港、珠海、澳门三地间的时空距离将大大缩短，有效打通粤港澳大湾区内部交通网络，促进生产要素的便捷高效流动，推动粤港澳大湾区建设成为更具活力的经济区、宜居宜业宜游的优质生活圈和内地与港澳深度合作的示范区。长江南京以下12.5米深水航道全线贯通，实现5万吨级海轮可直达南京，10万吨级海轮也可减载抵达，航道通过能力提升一倍，有助于降低物流成本，深化水运供给侧结构性改革。随着航道通航条件改善，大型海轮吃水增加、实载率提高和航运成本下降，5万～7万吨级船型实载率将提升近25%，10万～20万吨级船型实载率将提升近20%，运输成本大幅降低。初步测算，5万吨级以上进江海轮每多装载1万吨货物，可大致节约运输成本23.3万元。同时，水上运输船舶呈现“大进大出、快进快出”态势，长江“水上高速公路”通航效率得到了大幅提高，有助于有效打造高效畅通长江综合立体交通走廊，推动长江经济带的繁荣发展。港珠澳大桥、长江南京以下12.5米深水航道等基础设施网络化的建设，进一步夯实了我国综合交通网络化发展能力。

（三）运输结构调整不断推进，大宗货物“公转铁、公转水”初见成效

2018年，《打赢蓝天保卫战三年行动计划》《推进运输结构调整三年行动计划（2018—2020年）》等政策表明要调整运输结构，提高

大宗货物和长距离运输的铁路货运比例，打通海铁联运“最后一公里”，大幅提高集装箱海铁联运比例。进而有效提高综合运输效率，深化供给侧结构性改革，促进物流业降本增效，有力地支撑打赢蓝天保卫战，有力支撑打好污染防治攻坚战。总体看，全年运输结构调整初见成效。铁路货物发送量完成 40.22 亿吨，较上年增长 3.34 亿吨，煤炭等大宗物资运输加快向铁路转移。此外，津冀港口和重点区域沿海主要港口也实现了煤炭集港铁路运输。未来，将在铁路运能提升、水运系统升级、公路货运治理、多式联运提速、城市绿色配送、信息资源整合等方面不断推进，行业组织模式和运力结构形势将逐步发生变化。

（四）交通新业态规范化市场化发展，行业治理能力持续提升

经历了“跑马圈地”式扩张、行业大洗牌以及资本寒冬的轮回，共享出行在 2018 年褪去光环，发展更趋于理性，但也不得不面对不规范扩张发展埋下的隐患。由于盈利模式单一，共享出行企业普遍面临着巨大的资金压力和监管不到位等问题，ofo 小黄车正面临押金难退的窘境，TOGO 途歌共享汽车在北京已难寻踪迹，顺风车安全事故频现。可以看出，共享单车已经是一种不可或缺的出行方式，共享汽车市场的势能尚未完全释放，共享停车、顺风车等业态还处于探索期，但人民群众对共享出行创新服务的真正期待并未消退。为此，交通运输新业态开展协同监管创新，通过建立部际联席会议制度，健全多部门协同监管机制。目前，232 个城市出台了网约车配套政策，39 个城市发布互联网租赁自行车监管实施细则，176 个城市出台快递车辆管理措施，为 5000 多万辆汽车建立维修电子健康档案，有效提高了行业治理和应急处置能力，进一步促进行业持续稳定健康发展。

Chapter 02

第二章 改革政策

2018 年，我国交通运输领域继续坚持以供给侧结构性改革为主线，围绕新阶段新形势下的新要求，丰富宏观调控手段，从“市场机制有效、微观主体有活力、宏观管理有度”的行业治理基础出发，出台一系列文件，主动回应交通运输领域广受关注的焦点领域，在推动交通运输行业发展中取得显著成效。

一、综述

（一）规划政策体系持续完善，精准聚焦重点领域

2018 年，交通运输领域围绕防范化解重大风险、精准脱贫、

污染防治三大攻坚战，针对当前发展中的焦点关切、主要瓶颈、突出问题统筹规划、精准施策。发展规划方面，全年交通运输领域出台了 1 项行业发展规划、1 项布局建设规划和 2 项行业建设发展行动规划，国务院办公厅发布了《推进运输结构调整三年行动计划（2018—2020 年）》，国家发展改革委、交通运输部联合印发了《国家物流枢纽布局和建设规划》，交通运输部印发了《交通运输脱贫攻坚三年行动计划（2018—2020 年）》，民航局印发《新时代民航强国建设行动纲要》。发展政策方面，将重大战略进一步分解，围绕交通运输与相关领域融合发展、投资补短板、化解地方债务、加强规划管理等重点任务，国务院发布了《关于推进电子商务与快递物流协同发展的意见》《关于保障城市轨道交通安全运行的意见》《关于进一步加强城市轨道交通规划建设管理的意见》等 5 项政策措施文件，国家发展改革委出台了《关于推进高铁站周边区域合理开发建设的指导意见》《关于促进通用机场有序发展的意见》等 6 项政策文件。

（二）规划理念不断调整，交通运输与经济社会融合发展更加深入

2018 年，交通运输规划政策覆盖面进一步拓宽，立足交通运输与经济社会发展的深入互动，由行业发展逐步延展至交通运输与经济社会相关领域的融合发展，积极支持新业态新经济发展，切实发挥交通运输在经济社会发展中的支撑引领作用。更好发挥高铁站场对于周边地区经济社会发展的带动作用，印发《关于推进高铁站周边区域合理开发建设的指导意见》，发挥高铁站密集人流的分散能力，科学推进综合开发实践应用；进一步激发通用航空市场活力，积极引导交通运输新业态发展，印发《关于促进通用机场有序发展的意见》

《低空飞行服务保障体系建设总体方案》，有序引导通用航空机场、低空飞行保障服务等新经济新业态发展。

（三）供给侧结构性改革持续推进，交通运输功能角色更加多元

2018 年，交通运输领域供给侧结构性改革更加深入，规划政策不仅仅指导交通运输自身发展，更以交通出行、基础设施投资为方式手段推进经济社会高质量发展，丰富规划政策内涵。一方面，立足交通出行和其他领域信用表现，以交通出行限制为行政手段推动信用体系建设，国家发展改革委联合有关部门出台《关于在一定期限内适当限制特定严重失信人乘坐火车 推动社会信用体系建设的意见》《关于在一定期限内适当限制特定严重失信人乘坐民用航空器 推动社会信用体系建设的意见》，先行探索基于信用记录的日常行为约束。另一方面，继续发挥交通运输基础设施建设“稳投资”作用，出台《关于保持基础设施领域补短板力度的指导意见》，在补齐基础设施短板的同时带动市场活力，继续发挥基础设施投资在经济发展中的拉动作用。

（四）高质量发展要求进一步落实，交通运输转型升级更加深入

2018 年，交通运输高质量发展走向纵深，规划政策的发展重点从基础设施建设逐步转向发展的质量效率效益，推动交通运输领域转型升级。围绕经济高质量发展要求，服务打赢蓝天保卫战目标，持续推进运输结构性优化，印发《推进运输结构调整三年行动计划（2018—2020 年）》；推动具体行业高质量发展，针对新时代人民对民航发展提出的新要求，出台《新时代民航强国建设

行动纲要》；抓紧落实打赢脱贫攻坚战要求，印发《交通运输脱贫攻坚三年行动计划（2018—2020年）》；着重强调安全发展底线红线，出台《关于保障城市轨道交通安全运行的意见》；引导交通建设管理有序开展，出台《关于进一步加强城市轨道交通规划建设管理的意见》。

二、重大规划和政策

2018年，国务院办公厅印发了《推进运输结构调整三年行动计划（2018—2020年）》等1项规划和3项政策文件。国家发展改革委出台了7项政策文件，会同相关部门出台了《国家物流枢纽布局和建设规划》。同时，立足经济社会发展和各行业发展需要，交通运输部等行业管理部门（含国家铁路局、中国民航局、国家邮政局）相继出台了相关专项规划和政策文件。部分重大规划和政策文件内容如下：

（一）交通战略规划

1.《推进运输结构调整三年行动计划（2018—2020年）》

为贯彻落实党中央、国务院关于推进运输结构调整的决策部署，打赢蓝天保卫战，打好污染防治攻坚战，提高综合运输效率，降低物流成本，2018年9月，国务院办公厅出台《推进运输结构调整三年行动计划（2018—2020年）》。

《推进运输结构调整三年行动计划（2018—2020年）》将京津冀及周边地区8省（区）、长三角地区4省（市）、汾渭平原等区域（3省）

为主战场，主攻推进大宗货物运输“公转铁、公转水”，不断完善综合运输网络，切实提高运输组织水平，减少公路运输量，增加铁路运输量，加快建设现代综合交通运输体系，有力支撑打赢蓝天保卫战、打好污染防治攻坚战，更好服务建设交通强国和决胜全面建成小康社会。到 2020 年，全国货物运输结构明显优化，铁路、水路承担的大宗货物运输量显著提高，港口铁路集疏运量和集装箱多式联运量大幅增长，重点区域运输结构调整取得突破性进展。与 2017 年相比，全国铁路货运量增加 11 亿吨、增长 30%，全国水路货运量增加 5 亿吨、增长 7.5%；沿海港口大宗货物公路运输量减少 4.4 亿吨。全国多式联运货运量年均增长 20%，重点港口集装箱铁水联运量年均增长 10% 以上。

《推进运输结构调整三年行动计划（2018—2020 年）》提出六大重点行动。一是铁路运能提升行动，提升主要物流通道干线铁路运输能力，加快大型工矿企业和物流园区铁路专用线建设，优化铁路运输组织模式，提升铁路货运服务水平。二是水运系统升级行动，完善内河水运网络，推进集疏港铁路建设，推动大宗货物集疏港运输向铁路和水路转移，大力发展江海直达和江海联运。三是公路货运治理行动，强化公路货运车辆超限超载治理，大力推进货运车型标准化，推动道路货运行业集约高效发展。四是多式联运提速行动，加快联运枢纽建设和装备升级，加快发展集装箱铁水联运，深入实施多式联运示范工程。五是城市绿色配送行动，推进城市绿色货运配送示范工程，加大新能源城市配送车辆推广应用力度，推进城市生产生活物资公铁联运。六是信息资源整合行动，加强多式联运公共信息交换共享，提升物流信息服务水平，加强运输结构调整信息报送和监测分析。

《推进运输结构调整三年行动计划（2018—2020 年）》要求加大

政策保障力度，积极落实财政等支持政策，完善用地用海支持政策。加大督导考核力度，加强组织领导，强化督导考评。营造良好发展环境，保障行业健康稳定发展，做好政策宣传和舆论引导。

2.《国家物流枢纽布局和建设规划》

物流枢纽是集中实现货物集散、存储、分拨、转运等多种功能的物流设施群和物流活动组织中心。国家物流枢纽是物流体系的核心基础设施，是辐射区域更广、集聚效应更强、服务功能更优、运行效率更高的综合性物流枢纽，在全国物流网络中发挥关键节点、重要平台和骨干枢纽的作用。为贯彻落实党中央、国务院关于加强物流等基础设施网络建设的决策部署，科学推进国家物流枢纽布局和建设，2018 年 12 月，经国务院同意，国家发展改革委、交通运输部联合印发了《国家物流枢纽布局和建设规划》。

《国家物流枢纽布局和建设规划》肯定了党的十八大以来我国物流业的发展成绩，基础设施条件不断完善，运行组织效率持续提高，在促进物流资源集聚、提高物流运行效率、支撑区域产业转型升级等方面发挥了重要作用，为建设国家物流枢纽网络奠定良好基础。但物流枢纽发展仍存在系统规划不足、空间布局不完善、资源整合不充分、发展方式较为粗放等问题。随着我国经济已由高速增长阶段转向高质量发展阶段，加快国家物流枢纽网络布局和建设，有利于整合存量物流基础设施资源，有利于补齐物流基础设施短板，有利于更好发挥干线物流通道效能，有利于深化国内国际物流体系联动协同。

《国家物流枢纽布局和建设规划》以“市场主导、规划引领，集约整合、融合创新，统筹兼顾、系统成网，协调衔接、开放共享，智慧高效、绿色发展”为原则，提出到 2020 年，布局建设 30 个左右辐射带动能力较强、现代化运作水平较高、互联衔接紧密的国家物流枢纽，初步建立符合我国国情的枢纽建设运行模式，形成国家物流枢纽网络基本框架；到 2025 年，布局建设 150 个左右国家物流枢纽，基本形成高效物流运行网络，大幅提升物流枢纽组织效率，显著增强物流综合服务能力；到 2035 年，基本形成与现代化经济体系相适应的国家物流枢纽网络，形成一批具有国际影响的枢纽经济增长极，将国家物流枢纽打造成为产业转型升级、区域经济协调发展和国民经济竞争力提升的重要推动力量。

《国家物流枢纽布局和建设规划》提出合理布局国家物流枢纽、优化基础设施供给结构，明确国家物流枢纽的类型和功能定位，梳理国家物流枢纽布局和规划建设要求，选择 127 个具备一定基础条件的城市作为国家物流枢纽承载城市，规划建设 212 个国家物流枢纽，包括 41 个陆港型、30 个港口型、23 个空港型、47 个生产服务型、55 个商贸服务型和 16 个陆上边境口岸型国家物流枢纽。整合优化物流枢纽资源，提高物流组织效率，培育协同高效的运营主体，推动物流设施集约整合，增强国家物流枢纽平台支撑能力。构建国家物流枢纽网络体系，提升物流运行质量，建设国家物流枢纽干线网络体系，依托国家物流枢纽加快多式联运发展，打造高效专业的物流服务网络，促进国家物流枢纽网络发展。推动国家物流枢纽全面创新，培育物流发展新动能，加强新技术、新装备创新应用，发展物流新业态新模式，打造特色鲜明的枢纽经济。加强政策支持保障，营造良好发展环境，建立完善枢纽建设协调推进和动态调整机制，优化枢纽培育和发展环境，完善规划和用地支持政策，加大投资和金融支持力度，加强规划组织实施。

（二）交通运输政策

1.《关于进一步加强城市轨道交通规划建设管理的意见》

城市轨道交通是现代城市交通系统的重要组成部分，是城市公共交通系统的骨干。近年来我国城市轨道交通总体保持有序发展，在提升城市公共交通供给质量和效率、缓解城市交通拥堵、引导优化城市空间结构布局、改善城市环境等方面发挥重要作用。但由于城市轨道交通投资巨大、公益性特征明显，当前部分城市对城市轨道交通发展的客观规律认识不足，对实际需求和自身实力把握不到位，规划过度超前、建设规模过于集中、资金落实不到位等问题日益凸显。为贯彻落实党中央、国务院决策部署，坚决打好防范化解重大风险攻坚战，促进城市轨道交通规范有序发展，经国务院同意，国务院办公厅 2018 年 6 月印发《关于进一步加强城市轨道交通规划建设管理的意见》。

《关于进一步加强城市轨道交通规划建设管理的意见》以“量力而行、有序推进，因地制宜、经济适用，衔接协调、集约高效，严控风险，持续发展”为原则，提出完善规划管理规定、有序推进项目实施、强化项目风险管控、完善规划和项目监管体系等要求。其中，完善规划管理规定，应严格建设申报条件，强化规划衔接提高建设规划质量，严格建设规划报批和审核程序，强化建设规划的导向和约束作用。有序推进项目实施，应规范项目审批，强化项目建设和运营资金保障。强化项目风险管控，应严控地方政府债务风险，坚守安全发展底线。完善规划和项目监管体系，应加强监管能力建设，建立健全责任机制。

2.《关于推进高铁站周边区域合理开发建设的指导意见》

随着我国高速铁路快速发展，沿线地区人民群众出行服务水平得到显著提升，部分高铁车站周边区域已经成为城市最具人气和活力、发展最快的地区。高铁车站推进周边区域开发建设，能够促进城市空间有效拓展和内部结构整合优化，调整完善产业布局，促进交通、产业、城镇融合发展。为推进高铁车站周边区域合理开发建设，2018 年 4 月，国家发展改革委会同自然资源部、住房城乡建设部、中国铁路总公司印发《关于推进高铁站周边区域合理开发建设的指导意见》。

《关于推进高铁站周边区域合理开发建设的指导意见》以“规划协调、布局合理，量力而行、有序建设，站城一体、综合配套，市场运作、防范风险”为原则，提出强化规划引导和管控作用、合理确定高铁车站选址和规模、严格节约集约用地、促进站城一体融合发展、提升综合配套保障能力、合理把握开发建设时序、防范地方政府债务风险、创新开发建设体制机制等 8 项重点任务。同时，在组织实施中，要求明确责任主体、严格监督管理、强化协同联动、加强宣传引导等 4 项具体措施，确保相关工作有序开展。

其中，强化规划引导和管控作用，坚持规划引领，充分论证高铁车站周边开发建设可行性、必要性，因城施策、因站而异推进高铁车站周边区域合理有序开发建设；合理确定高铁车站选址和规模，高铁车站选址要符合土地利用总体规划和城市总体规划，切实处理好高铁通达性和高铁车站周边开发建设之间的关系，既要满足技术标准条件，又要服务地方发展；严格节约集约用地，高铁车站周边开发建设要落实最严格的耕地保护制度和节约用地制度，依法办理建设用地审批手续；促进站城一体融合发展，高铁车站周边开发建设要突出产城融合、站城一体，与城市建成区合理分工，在城市功能布局、综合交通运输体系建设、基础设施共建共享等方面同步规划、协调推进；提升综合配套保障能力，高铁车站周边开发建设必须贯彻落实以人为本的新型城镇化发展理念，营造宜居宜业环境，提高交通便利性和公共服务能力，增强产业、人口集聚效应；合理把握开发建设时序，尊重城市发展的客观规律，树立正确的政绩观和功成不必在我的理念，不追求短期的形象效果，量力而行，尽力而为，严禁借高铁车站周边开发建设名义盲目搞城市扩张；防范地方政府债务风险，充分认识防范化解地方政府债务风险的重要性和紧迫性，牢牢守住不发生系统性金融风险的底线，切实防范高铁车站周边开发建设带来的地方政府债务风险；创新开发建设体制机制，进一步理顺政府与市场关系，充分发挥市场对资源配置的决定性作用，支持地方政府引入社会资本参与高铁车站周边开发建设。

3.《关于促进通用机场有序发展的意见》

2016 年国务院办公厅《关于促进通用航空业发展的指导意见》印发以来，通用机场规划建设加快推进，对通用机场的功能定位和布局原则等认识模糊、规划布点也不尽合理、缺少对区域军民用机场运行、军事设施保护、军民航飞行等综合论证等问题逐步浮现，加之通用机场项目报批程序复杂、周期长等问题，加快培育通用航空市场仍存在诸多阻碍。科学有序推进通用机场规划建设，促进通用航空业持续健康发展，推动通用航空“热起来、飞起来”，2018 年 8 月，国家发展改革委会同中国民用航空局出台《关于促进通用机场有序发展的意见》。

《关于促进通用机场有序发展的意见》提出应正确认识加快通

用机场建设的重要性，科学编制通用机场布局规划，稳妥有序推进通用机场建设，规范通用机场升级转换机制。其中，科学编制通用机场布局规划，应明确功能定位，充分发挥交通运输服务、社会公共服务、通用航空消费、航空飞行培训、工农林生产作业等五大功能作用；应合理规划布局，突出通用机场建设重点，构建区域通用航空网络；稳妥有序推进通用机场建设，应扎实做好项目前期工作，加强军民航协调与监管，严格规范通用机场使用，创新投融资模式；规范通用机场升级转换机制，应严格升级条件，需符合全国民用运输机场布局规划，具备运输机场安全运行发展条件，明确升级程序，须按照新建运输机场项目有关规定，报请国务院、中央军委审批（核准）。

各省（区、市）人民政府作为推进通用航空业发展的主体，要正确引导市（县）级政府科学谋划、有序发展，按照谁审批谁监管、谁主管谁监管的原则，坚持安全第一，加强通用机场项目全过程监管，确保项目合法开工、建设过程合规有序，保障通用航空业安全、持续、健康发展。

4.《关于在一定期限内适当限制特定严重失信人乘坐火车 推动社会信用体系建设的意见》《关于在一定期限内适当限制特定严重失信人乘坐民用航空器 推动社会信用体系建设的意见》

为深入学习贯彻习近平新时代中国特色社会主义思想和党的十九大精神，落实习近平总书记关于构建“一处失信、处处受限”信用惩戒大格局的重要指示，按照《国务院关于建立完善守信联合激励和失信联合惩戒制度加快推进社会诚信建设的指导意见》要求，防范部分旅客违法失信行为对铁路运行安全的不利影响，进一步加大对其他领域严重违法失信行为的惩戒力度，2018 年 3 月，国家发展改革委会同中央文明办、最高人民法院、财政部、人力资源社会保障部、税务总局、证监会、中国铁路总公司，出台《关于在一定期限内适当限制特定严重失信人乘坐火车 推动社会信用体系建设的意见》。同一天，国家发展改革委会同中国民用航空局、中央文明办、最高人民法院、财政部、人力资源社会保障部、税务总局、证监会出台《关于在一定期限内适当限制特定严重失信人乘坐民用航空器 推动社会信用体系建设的意见》。

《关于在一定期限内适当限制特定严重失信人乘坐火车 推动社会信用体系建设的意见》《关于在一定期限内适当限制特定严重失信人乘坐民用航空器 推动社会信用体系建设的意见》重点限制被公安机关处罚或铁路站车单位或认定的严重影响运行安全和生产安全有关的行为责任人、机场或航空器使用中被公安机关处以行政处罚或被追究刑事责任的，以及其他领域的严重违法失信行为有关责任人。通过开展信息采集工作，采集铁路和航空旅客相关失信信息、其他领域相关失信信息，确定严重失信人范围。同时设立发布执行和权利救济、移除机制，对特定严重失信人在一定期限内适当限制乘坐火车和飞机，相关主体从限制乘车（机）人员名单中移除后，不再对其采取限制乘车（机）措施。同时鼓励各相关部门及各运输企业应当借助各类媒体平台，发挥舆论的宣传引导作用，大力开展信用宣传普及教育活动，积极推进相关宣传活动。相关政策自 2018 年 5 月 1 日起实施。

2018 年交通运输领域重要文件见表 2-1。

表 2–1　　2018 年交通运输领域重要文件

序号	文件名称	文号	印发机构	印发日期
1	快递暂行条例	国令第 697 号	国务院	2018 年 3 月 2 日
2	关于推进电子商务与快递物流协同发展的意见	国办发〔2018〕1 号	国务院办公厅	2018 年 1 月 2 日
3	关于保障城市轨道交通安全运行的意见	国办发〔2018〕13 号	国务院办公厅	2018 年 3 月 7 日
4	关于进一步加强城市轨道交通规划建设管理的意见	国办发〔2018〕52 号	国务院办公厅	2018 年 6 月 28 日
5	推进运输结构调整三年行动计划（2018—2020 年）	国办发〔2018〕91 号	国务院办公厅	2018 年 9 月 17 日
6	关于保持基础设施领域补短板力度的指导意见	国办发〔2018〕101 号	国务院办公厅	2018 年 10 月 11 日
7	关于推进高铁站周边区域合理开发建设的指导意见	发改基础〔2018〕514 号	国家发展改革委、自然资源部、住房城乡建设部、中国铁路总公司	2018 年 4 月 24 日
8	关于促进通用机场有序发展的意见	发改基础〔2018〕1164 号	国家发展改革委、中国民用航空局	2018 年 8 月 14 日
9	关于加强城市轨道交通车辆投资项目监管有关事项的通知	发改办产业〔2018〕323 号	国家发展改革委办公厅	2018 年 3 月 9 日
10	国家物流枢纽布局和建设规划	发改经贸〔2018〕1886 号	国家发展改革委、交通运输部	2018 年 12 月 21 日

续表

序号	文件名称	文号	印发机构	印发日期
11	关于在一定期限内适当限制特定严重失信人乘坐火车推动社会信用体系建设的意见	发改财金〔2018〕384 号	国家发展改革委、中央文明办、最高人民法院、财政部、人力资源社会保障部、税务总局、证监会、中国铁路总公司	2018 年 3 月 2 日
12	关于在一定期限内适当限制特定严重失信人乘坐民用航空器推动社会信用体系建设的意见	发改财金〔2018〕385 号	国家发展改革委、中国民用航空局、中央文明办、最高人民法院、财政部、人力资源社会保障部、税务总局、证监会	2018 年 3 月 2 日
13	关于进一步清理规范铁路货物运输相关收费的通知	发改价格〔2018〕1959 号	国家发展改革委、市场监管总局	2018 年 12 月 29 日
14	交通运输脱贫攻坚三年行动计划（2018—2020 年）	交办规划〔2018〕85 号	交通运输部办公厅	2018 年 7 月 6 日
15	新时代民航强国建设行动纲要	民航发〔2018〕120 号	中国民用航空局	2018 年 11 月 26 日
16	低空飞行服务保障体系建设总体方案	民航发〔2018〕100 号	中国民用航空局	2018 年 9 月 28 日

三、述评：交通运输高质量发展走向纵深，新形势新特征在规划政策制定中进一步凸显

2018 年，交通运输领域立足新时代人民美好出行需要，深入推进供给侧结构性改革，不断提升规划发展理念，丰富宏观调控手段，通过一系列规划政策，有力服务了新形势下的新要求新变化，优化交通运输资源配置过程，为推进交通运输现代化发展、服务现代化经济体系建设奠定了坚实的制度基础。

（一）规划政策宏观管理作用得到有效发挥

2018 年，交通运输规划政策对交通运输领域整体发展做出了较好的指导。经济手段、行政手段、法律手段三管齐下，有力调控当前交通运输行业整体发展生态，并在进一步完善政策法规体系的同时，支撑现代化经济体系建设发展。交通运输作为人民群众生活息息相关的领域，一直是各种政策理念先行先试的探索领域，2018 年，针对信用体系建设、城市综合开发等热点问题，及时出台相应管理政策，回应交通运输和其他社会秩序的行为失信问题、枢纽站场综合开发、基础设施建设稳投资等社会关切，运用政策杠杆取得较好结果。

（二）政策精准度与覆盖范围同时提升，更好挖掘交通运输发展潜在价值

2018 年，交通运输规划政策覆盖面逐步拓宽的同时，着眼点更加精细，逐步解决交通运输服务供给不平衡不充分问题，重点提升发展质量效率效益，真正实现“走得了”向“走得好”转变。交通运输政策规划逐步转变以往基础设施建设发展的思路模式，落实具体行业交通强国的实践应用，服务现代化经济体系和交通强国建设。立足新时代新要求，对交通运输安全发展做出详细指导，筑牢红线底线。服务新业态发展，对通用航空、低空飞行等当前新领域新模式出台相应政策，激发新兴运输市场活力。同时，深入考虑交通运输发展与经济社会的互动关系，对枢纽综合开发、电商快递协同发展等融合发展领域做出探索，统筹谋划交通运输发展带来的整体影响，并进一步提升经济、社会、环境等多方面发展红利。

（三）供给不平衡不充分问题有效对接，高质量发展要求进一步落实

2018 年是“十三五”承上启下之年，也是完成 2020 年发展目标倒排的重要时间点。由此，2018 年交通运输规划政策更加强调解决供给不平衡不充分问题，在推进发展的同时，依托更加精准的政策推进交通运输领域发展转型。围绕全面打赢脱贫攻坚战、打赢蓝天保卫战、稳投资的重要部署安排，积极形成相关政策文件，并分解落实为年度实施方案和具体领域的指导意见，统筹把握发展节奏，落实发展目标。针对当前物流降本增效、防范地方债务风险等要求，及时转化为发展规划和行业规划建设管理意见，从顶层设计层面提

出发展要求，指导具体工作开展。整体来看，2018 年，交通运输政策针对当前发展的重点领域进行突破，有力有序有质地贯彻落实了新时代高质量发展要求。

Chapter 03

第三章 交通建设

2018 年，为实现稳增长、防风险等多重目标，各方加大交通项目建设资金的保障，加强交通投融资创新，加大财务风险控制力度，交通建设总体保持稳定，全国交通固定资产投资（不包括城市轨道交通）再次超过 3 万亿元。

一、交通建设进展情况

（一）铁路建设保持稳定，投产新线高铁占比首超八成

2018 年，全国铁路投产新线 4683 公里，其中高速铁路 4100 公里，所占比例高达 87.6%。全国铁路营业里程达到 13.1 万公里

以上，高速铁路营业里程达到 2.9 万公里以上。全国铁路路网密度 136.9 公里 / 万平方公里；铁路复线里程 7.6 万公里，复线率 58.0%；电气化里程 9.2 万公里，电化率 70.0%。渝贵铁路、深茂铁路江门至茂名段、广通至大理铁路复线、广深港高铁香港段、哈尔滨至佳木斯铁路、杭州至黄山高铁、哈尔滨至牡丹江铁路、青岛至盐城铁路、济南至青岛高铁、怀化至衡阳铁路、铜仁至玉屏城际铁路、川藏铁路成都至雅安段、京哈沈高铁承德至沈阳段、通辽至京沈高铁新民北站铁路、南平至龙岩铁路等重大项目按期投产。2018 年全国铁路网规模变化情况见图 3-1。

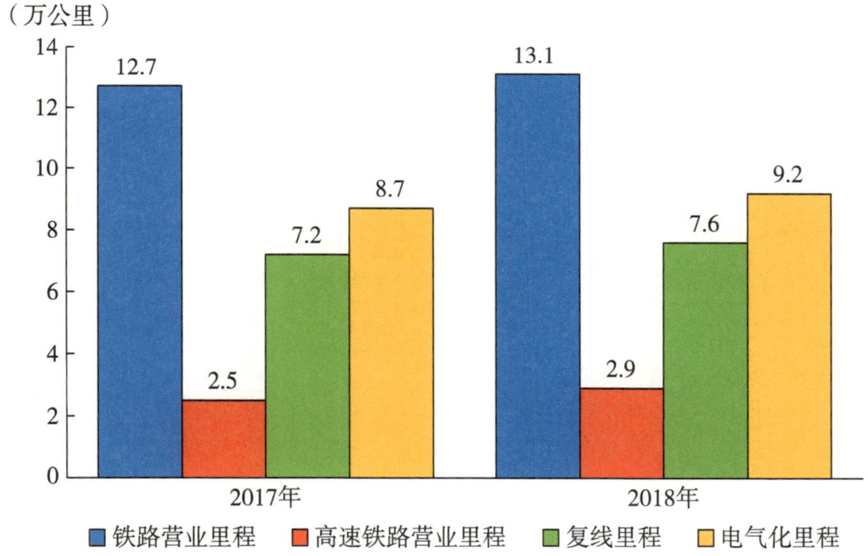

图 3-1　2018 年全国铁路网规模变化情况

资料来源：2018 年中国铁道统计公报。

2018 年全国重大铁路项目建成投产情况见表 3-1。

表 3-1　　2018 年全国重大铁路项目建成投产情况

序号	铁路项目	长度（公里）	设计时速（公里 / 小时）	总投资（亿元）	开工建成时间	
					开工时间	建成时间
1	渝贵铁路	347	200	530	2013-05	2018-01
2	广通至大理铁路复线	175	200	143.1	2013-01	2018-07
3	深茂铁路江门至茂名段	266	200	290	2014-06	2018-07
4	广深港高铁香港段	26	200	733	2010-01	2018-09
5	哈尔滨至佳木斯铁路	343	200	347.14	2014-07	2018-09
6	大同至西安高铁原平至太原段	116	250	—	2016-08	2018-09
7	杭州至黄山高铁	287	250	365.5	2014-06	2018-12
8	哈尔滨至牡丹江铁路	293.2	250	356.4	2014-12	2018-12
9	青岛至盐城铁路	428.752	200	—	2010-12	2018-12
10	济南至青岛高铁	307.8	350	600	2015-08	2018-12
11	怀化至衡阳铁路	318	200	324.3	2014-06	2018-12
12	铜仁至玉屏城际铁路	47.7	200	46.78	2013-12	2018-12
13	川藏铁路成都至雅安段	140	200/160	196.65	2013-08	2018-12
14	京沈高铁承德至沈阳段	506	350	—	2014-03	2018-12
15	通辽至京沈高铁新民北站铁路	197	250	175.7	2016-06	2018-12
16	南平至龙岩铁路	247	200	—	2013-12	2018-12

数据来源：本报告整理。

（二）公路网络规模稳步扩大，农村公路扶贫精准有力

2018 年，全国公路总里程 484.65 万公里，高速公路里程 14.26 万公里，其中国家高速公路 10.55 万公里。全国四级及以上等级公路里程 446.59 万公里，二级及以上等级公路里程 64.78 万公里。国道

36.30 万公里，省道 37.22 万公里。农村公路里程 403.97 万公里，其中，县道 54.97 万公里，乡道 117.38 万公里，村道 231.62 万公里。交通扶贫脱贫攻坚成效显著，贫困地区建成旅游路、资源路和产业路 9284 公里，新增 86 个乡镇、4245 个建制村通硬化路。2018 年全国公路网规模变化情况见图 3–2。

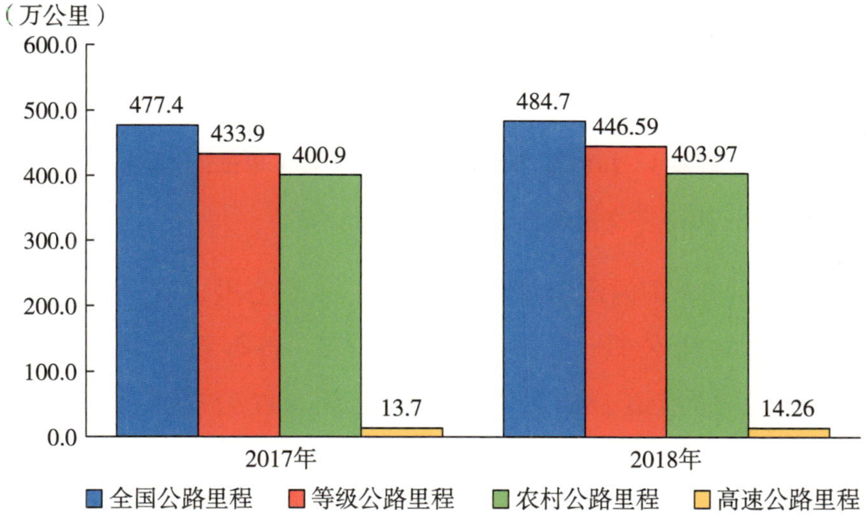

图 3–2　2018 年全国公路网规模变化情况

资料来源：2018 年交通运输行业发展统计公报。

（三）水运设施建设进一步放缓，内河航道结构持续优化

2018 年，全国内河航道通航里程 12.71 万公里。其中各水系内河航道通航里程如图 3–3 所示，分别为：长江水系 64848 公里，珠江水系 16477 公里，黄河水系 3533 公里，黑龙江水系 8211 公里，京杭运河 1438 公里，闽江水系 1973 公里，淮河水系 17504 公里。

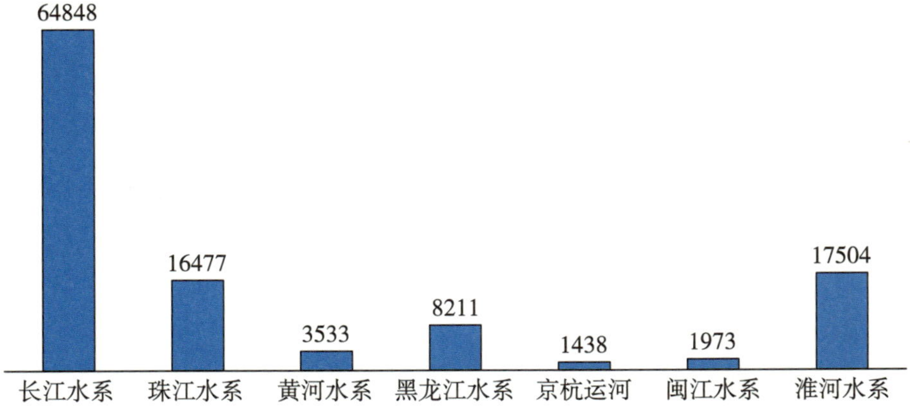

图 3-3　2018 年各水系内河航道里程（单位：公里）

资料来源：2018 年交通运输行业发展统计公报。

2018 年，全国内河等级航道里程 6.64 万公里，其中三级及以上航道里程 1.35 万公里，占总里程的 10.6%。各等级内河航道通航里程分别为：一级航道 1828 公里，二级航道 3947 公里，三级航道 7686 公里，四级航道 10732 公里，五级航道 7613 公里，六级航道 17522 公里，七级航道 17114 公里。等外航道 6.07 万公里。2018 年全国水路路网规模变化情况见图 3-4。

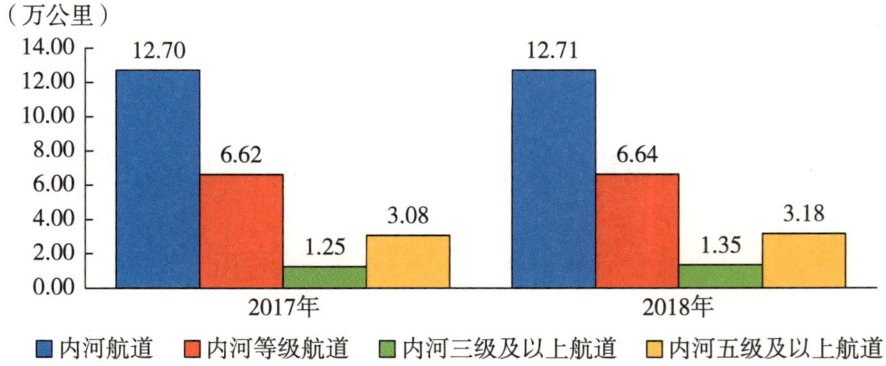

图 3-4　2018 年全国水路路网规模情况

资料来源：2018 年交通运输行业发展统计公报。

2018年，全国港口拥有生产用码头泊位23919个，其中，沿海港口生产用码头泊位5734个，内河港口生产用码头泊位18185个。全国港口拥有万吨级及以上泊位2444个，其中，沿海港口万吨级及以上泊位2007个，内河港口万吨级及以上泊位437个。全国万吨级及以上泊位中，专业化泊位1297个，通用散货泊位531个，通用件杂货泊位396个。

（四）民航机场建设有序推进，中西部机场覆盖率进一步提高

2018年，我国颁证民用航空机场235个，其中定期航班通航机场233个；定期航班通航城市230个。北京大兴国际机场、成都新机场、青岛新机场以及上海浦东、贵州、海口等枢纽机场项目加快建设，重庆、武汉等枢纽机场改扩建项目取得积极进展。新增甘肃陇南、新疆若羌、青海海北、河南信阳、湖南岳阳、新疆图木舒克等6个通航城市。2018年全国运输机场项目建成投产情况见表3–2，2018年全国机场数量变化情况见图3–5。

表3–2　　2018年全国运输机场项目建成投产情况

序号	机场项目	飞行区等级	总投资（亿元）	建成投产时间
1	甘肃陇南成县机场	4C	14	2018–03
2	新疆若羌楼兰机场	4C	5.1	2018–03
3	青海海北祁连机场	4C	11.7	2018–03
4	河南信阳明港机场	4C	3.9	2018–10
5	湖南岳阳三荷机场	4C	12.39	2018–12
6	新疆图木舒克唐王城机场	4C	6.31	2018–12

数据来源：本报告整理。

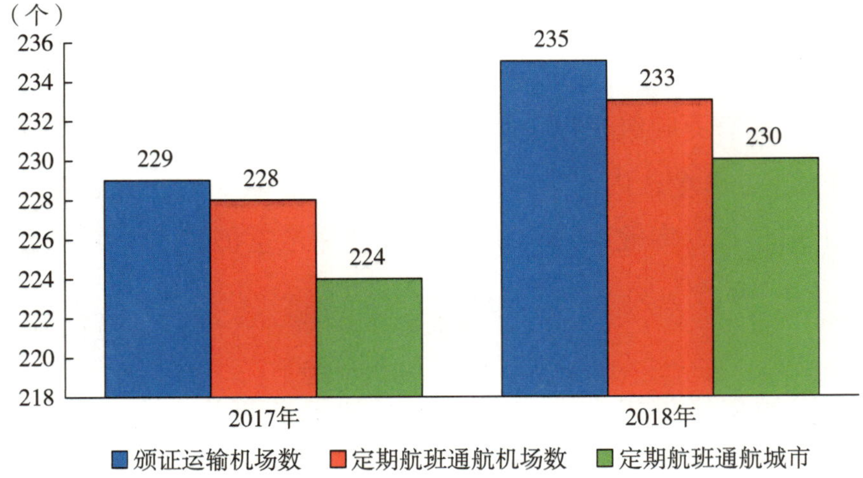

图 3–5　2018 年全国机场数量变化情况

资料来源：历年民航行业发展统计公报。

（五）城市轨道投产规模维持高位，新增运营城市减少

2018 年，我国（不含香港、澳门和台湾地区，下同）新增城市轨道交通运营线路长度 733.96 公里，投产新线规模继续保持高位，其中新增地铁、现代有轨电车和 APM 运营线路里程分别为 637.96 公里、90 公里、6 公里。全国内地城市轨道交通开通运营总长度 5766.66 公里，其中，地铁运营里程 4547.88 公里，所占比重为 78.87%。2018 年全国城市轨道交通规模变化情况见图 3–6。

2018 年，全国开通新增运营线路 22 条，新开延伸段 14 段，共计开通线路 187 条。新增乌鲁木齐 1 个运营城市，全国开通城市轨道交通并投入运营的城市达到 32 个[1]。拥有两种以上制式投产运营的

[1] 不包括运营现代轨道交通的城市。

城市仍为16个，分别是北京、上海、广州、深圳、重庆、天津、武汉、南京、大连、成都、沈阳、长沙、长春、苏州、郑州和青岛。

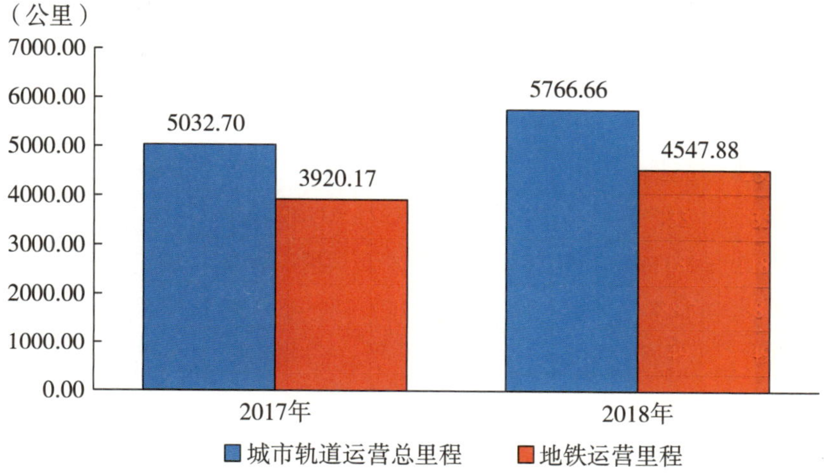

图 3-6 2018 年全国城市轨道交通规模变化情况

资料来源：本报告整理。

2018 年，上海、重庆、武汉、苏州、杭州和长春等城市有新增批复项目，济南以前批复项目有调整。全国规划批复地铁和轻轨里程总和为 10829.6 公里，其中，地铁里程 10143 公里。首次批复了 6 个市域快线项目，其中上海和武汉各 3 个。据不完全统计，全国在建城市轨道交通里程达到 4987.9 公里，其中，地铁里程 4969.1 公里，轻轨里程 18.8 公里。在建规模超过 200 公里的城市共有 7 个，其中，在建规模超过 400 公里城市是广州，在建规模 200 ～ 400 公里之间的城市有北京、深圳、武汉、成都、杭州和长沙。2018 年全国城市轨道交通基本情况见表 3-3。

表 3-3　　2018 年全国城市轨道交通基本情况

序号	城市	规划批复总规模（公里）			运营规模（公里）			在建规模（公里）		
		总计	地铁	轻轨	总计	地铁	轻轨	总计	地铁	轻轨
1	北京	998.5	998.5		616.4	616.4		333.1	333.1	
2	上海	1074.6	937.8		668.57	668.57		169.9	169.9	
3	广州	792	792		443.9	443.9		412.3	412.3	
4	深圳	583.9	583.9		298.22	286.5		265.5	265.5	
5	重庆	480.71	382.21	98.5	315.97	217.47	98.5	143.8	143.8	
6	天津	513	461	52	219.7	167.7	52	183.1	183.1	
7	武汉	598.4	448.3	33.4	301.75	268.35	33.4	322	322	
8	南京	367	367		207.39	207.39		84.8	84.8	
9	大连	298.6	197.6	101	157.27	56.27	101	36.2	36.2	
10	成都	387	387		221.62	221.62		335.8	335.8	
11	沈阳	158.9	158.9		59.3	59.3		100.8	100.8	
12	西安	243.2	243.2		125.4	125.4		194.9	194.9	
13	苏州	353.4	353.4		142.1	142.1		166.7	166.7	
14	昆明	201.1	201.1		98.92	98.92		126	126	
15	杭州	453.2	453.2		116.54	116.54		330.5	330.5	
16	宁波	171.6	171.6		74.5	74.5		89.1	89.1	
17	无锡	112.9	112.9		56.2	56.2		58.2	58.2	
18	长沙	263.39	263.39		50.3	50.3		236.8	236.8	
19	长春	235.1	173.5	61.6	98.74	38.34	60.4	43.6	24.8	18.8
20	郑州	166.1	166.1		90.54	90.54		105	105	
21	佛山	137	137		21.5	21.5		103.6	103.6	
22	哈尔滨	89.6	89.6		22.05	22.05		69.7	69.7	
23	合肥	170	170		52.4	52.4		123.3	123.3	
24	南昌	134.9	134.9		48.43	48.43		91.9	91.9	
25	青岛	231.7	231.7		170.77	170.77		111.3	111.3	
26	福州	144.6	144.6		24.6	24.6		154	154	
27	南宁	128.2	128.2		53.3	53.3		100.2	100.2	

续表

序号	城市	规划批复总规模（公里）			运营规模（公里）			在建规模（公里）		
		总计	地铁	轻轨	总计	地铁	轻轨	总计	地铁	轻轨
28	东莞	164.3	164.3		37.8	37.8		58	58	
29	石家庄	80.4	80.4		28.43	28.43		50.1	50.1	
30	济南	81.8	81.8					47.7	47.7	
31	太原	49.2	49.2					23.6	23.6	
32	兰州	35	35					35	35	
33	贵阳	170.1	170.1		35.21	35.21		118.7	118.7	
34	乌鲁木齐	89.7	89.7		16.78	16.78		88.7	88.7	
35	呼和浩特	51.4	51.4					49	49	
36	厦门	227.5	227.5		30.3	30.3		157.7	157.7	
37	徐州	67	67					64.3	64.3	
38	常州	53.9	53.9					62.2	62.2	
39	南通	59.6	59.6							
40	芜湖	46.9		46.9						
41	绍兴	41.1	41.1							
42	洛阳	41.3	41.3					40.8	40.8	
43	包头	42.1	42.1							
44	吉林	39.7		39.7						
合 计		10829.6	10143	433	4904.9	4547.88	345.3	4987.9	4969.1	18.8

资料来源：本报告整理。

二、重大交通建设项目

（一）国家铁路项目

根据国家发展改革委网站公布结果，2018 年，国家发展改革委共批复 7 个铁路项目，批复总里程 1890.94 公里，估算总投资 2276.25 亿元，项目资本金由中国铁路总公司和沿线地方政府分摊，其余资金使用国内银行贷款。其中，有 6 个铁路项目设计时速超过 200 公里，批复总里程 1065.94 公里，占全年批复里程比例为 56.4%；项目估算总投资 2054.75 亿元，占全年批复项目估算投资总额比例为 90.2%。

（二）水运项目

根据国家发展改革委网站公布结果，2018 年，国家发展改革委共批复 4 个水运项目，分别为长江航道整治 3 个、沿海港口航道改扩建项目 1 个。项目资金来自中央预算内资金、交通运输部资金和地方政府财政资金，其中，中央预算内资金约 16.32 亿元，交通运输部安排资金约 47.81 亿元，湛江市财政资金 22.89 亿元。

（三）机场项目

根据国务院和国家发展改革委网站公布结果，2018 年，国务院、中央军委和国家发展改革委共批复 5 项机场项目，估算总投资 837.71 亿元。分审批环节看，国务院、中央军委批复新建机场立项 2 项，估算投资 375.21 亿元，占批复机场项目总投资的 44.8%；国家发展改革委批复机场可行性研究报告 3 项，估算总投资 462.5 亿元，占批复机场项目总投资的 55.2%。

在批复机场可行性研究报告中，批复新建机场项目 1 项，估算总投资 18.23 亿元，占批复机场可行性研究报告总投资的 3.9%；批复机场改扩建和迁建项目各 1 项，估算总投资 444.27 亿元，占批复机场可行性研究报告总投资的 96.1%。

2018 年批复的国家铁路、水运和机场项目分别见表 3-4、表 3-5 和表 3-6。

三、重大交通建设规划

根据国家发展改革委网站公布结果，2018 年，由国家发展改革委批复的交通建设规划共 10 项，除城市轨道交通建设规划之外，新增了城际铁路建设规划，共计 52 个项目，批复里程 2725.91 公里，总投资 10841.22 亿元。其中，有 7 项为城市轨道交通建设规划，共计 35 个项目，批复里程 877.91 公里，占全年批复总里程的 32.2%；项目总投资 7142.22 公里，占全年批复总投资的 65.9%。

2018 年批复的交通建设规划见表 3-7。

四、述评：有力支撑宏观经济稳定运行，助力交通领域打好三大攻坚战

（一）交通建设保持稳定，成为稳投资、稳增长的重要支撑力

2018 年上半年，铁公水航合计完成固定资产投资 13408 亿元，同比下降 0.3%，较上年同期放缓 19.8 个百分点，“十三五”以来半年度交通总投资增速首次为负。下半年，我国宏观经济下行压力加大，7 月 31 日召开的中共中央政治局会议，部署下半年经济

工作。会议指出，要坚持稳中求进工作总基调，保持经济运行在合理区间，要做好稳就业、稳金融、稳外贸、稳外资、稳投资、稳预期工作。交通基础设施产业链条长，投资拉动作用强，是全社会固定资产投资的重要内容。9月18日国务院常务会议要求，聚焦补短板扩大有效投资，稳住投资保持正常增长，加大"三区三州"等深度贫困地区基础设施、交通骨干网络特别是中西部铁路公路、干线航道、枢纽和支线机场等建设。在各方共同努力下，全年完成交通固定资产投资（不包括城市轨道交通）再次超过3万亿元，较上年略有增长，有力支撑稳投资、稳增长的宏观经济目标。

（二）交通建设进一步向贫困地区倾斜，脱贫攻坚成绩突出

交通运输领域坚决落实关于打好精准脱贫攻坚战的重大决策部署，加强贫困地区交通建设。2018年，14个集中连片特困地区、革命老区、少数民族地区、边疆地区累计完成铁路基建投资4139.6亿元，占全国铁路基建投资的77.6%。农村交通扶贫公路建设加快，用于交通扶贫公路建设的车购税资金达823亿元，同比增长14.6%。新改建农村公路31.8万公里，农村公路总里程达405万公里；贫困地区新增86个乡镇、4245个建制村通硬化路，通硬化路乡镇和建制村比例分别为99.64%和99.47%。新增的6个通航城市全部在我国中西部地区。

（三）交通建设强化绿色发展，主动适应运输结构调整需求

以推进大宗货物运输"公转铁、公转水"为主攻方向，调整

我国运输结构，不但有利于提高综合运输效率，而且是打赢蓝天保卫战、打好污染防治攻坚战的关键举措。2018 年 9 月 17 日，国务院印发了《推进运输结构调整三年行动计划（2018—2020 年）》，提出加快重点干线铁路项目建设进度，加强大型工矿企业和物流园区铁路专用线、集疏港铁路建设和多式联运枢纽等基础设施建设。在此政策导向下，蒙华铁路建设加快，瓦日线铁路专用线、董家口港疏港铁路等项目提速，一批企业和物流园区铁路专用线开工建设。

（四）交通建设面临防控金融风险压力，项目融资环境趋紧

在交通基础设施建设中，地方政府是重要的投资主体。2018 年，坚持结构性去杠杆，稳妥处理地方政府债务风险，地方政府融资环境发生深刻变化。财政部多次发文，对以政府购买服务名义融资、不规范融资担保等行为进行整改，交通建设是整改的重点领域。同时，政策文件规范了土地融资，进一步约束了地方政府的融资能力，虽然地方政府债券规模大幅增加，但是仍然跟不上投资需求扩张速度。国有企业也是交通建设资金重要来源，但是自从国有企业债务受到关注以来，其参与投资交通项目的难度加大，而民营资本进入交通基础设施建设仍是少数。在交通建设融资环境趋紧情况下，积极探索交通基础设施与土地开发、资源开发等有机结合，投融资创新能力显著增强，有力保障交通建设项目顺利推进。

表 3-4　2018 年批复的国家铁路项目

序号	项目名称	投资主体	建设地点	设计时速（公里 / 小时）	建设内容	建设工期	总投资（亿元）
1	新建弥勒至蒙自铁路	中铁总、云南省	弥勒、开远、蒙自	250	新建正线弥勒至红河机场站约 107 公里，同步新建弥勒下行疏解线 7 公里，改建既有蒙自至河口铁路约 4 公里	6 年	136.2
2	新建北京至雄安城际铁路	中铁总、北京市、河北省	李营、大兴、北京新机场、廊坊、霸州、雄安新区	350（李营至北京新机场段 250）	新建正线 92.4 公里，同步建设雄安动车运用所	李营至北京新机场段 3.5 年，北京新机场至雄安段 2 年	335.3
3	新建和田至若羌铁路	中铁总、新疆维吾尔自治区、新疆生产建设兵团	喀什、和田、洛浦、策勒、于田、民丰、且末、若羌	120	新建正线约 825 公里，同步建设本线引入和田站、若羌站的站改及相关配套工程	3.5 年	221.5
4	新建包头至银川铁路银川至惠农段	中铁总、宁夏回族自治区	银川、沙湖、石嘴山、惠农	250	新建正线 100.6 公里，扩建银川动车运用所，同步建设惠农南站至既有包兰铁路惠农站联络线	4 年	128.7
5	新建上海经苏州至湖州铁路	中铁总、上海市、江苏省、浙江省	上海虹桥、苏州、湖州	350	新建正线 163.54 公里，上海枢纽设联络线引入上海南站，上海南站普速设施搬迁至松江南站，同步实施既有沪昆线松江段改线工程	4 年	367.95
6	新建重庆至黔江铁路	中铁总、重庆市	重庆、巴南、南川、武隆、彭水、黔江	重庆至重庆东段 120，重庆东至黔江段 350	新建正线 265 公里，同步建设重庆东动车所动车出入段线、重庆枢纽东环联络线	5.5 年	535
7	新建西安至延安铁路	中铁总、陕西省	西安、高陵区、阎良区、富平、耀州、黄陵、富县、宝塔、延安	350	新建正线全长 291.7 公里，同步建设联络线 28.5 公里，改建既有包西线 6.2 公里	4.5 年	551.6

资料来源：国家发展改革委网站。

表 3-5　　**2018 年批复的国家水路项目**

序号	项目名称	资金来源	总投资（亿元）
1	长江干线武汉至安庆段 6 米水深航道整治工程	中央预算内资金和交通运输部内河水运建设专项资金按 1∶2 分摊	40.05
2	长江口南槽航道治理一期工程	中央预算内资金和交通运输部内河水运建设专项资金按 1∶2 分摊	4.18
3	湛江港 30 万吨级航道改扩建工程	交通运输部安排 15.17 亿元，其余资金由湛江市财政统筹解决	38.66
4	长江下游芜裕河段航道整治工程	中央预算内资金和交通运输部内河水运建设专项资金按 1∶2 分摊	4.73

资料来源：国家发展改革委网站。

表 3-6　　**2018 年批复的机场项目**

序号	项目名称	审批环节	投资主体	建设地点	飞行区等级	建设内容	总投资（亿元）
1	菏泽机场	可研	国家发展改革委、中国民航局、山东省、菏泽市	菏泽	4C	新建 1 条长 2600 米、宽 45 米的跑道，新建 1 万平方米的航站楼和 9 个机位的站坪，新建 1 座塔台和 1400 平方米的航管楼及空管、供油等其他配套设施	18.23
2	乌鲁木齐机场改扩建工程	可研	国家发展改革委、中国民航局、乌鲁木齐市、乌鲁木齐临空开发建设投资集团有限公司、中国航空油料集团有限公司	乌鲁木齐	4F	新建长 3600 米、宽 60 米的第二跑道，新建长 3200 米、宽 60 米的第三跑道，新建 50 万平方米的北区航站楼、177 个机位的站坪及空管、供油等其他配套设施	421.14
3	连云港军民合用机场民用部分迁建工程	可研	中国民航局、江苏省、连云港市、中国航空油料集团有限公司	连云港	4D	新建 1 条长 2800 米的跑道、1 条长 1900 米的部分平行滑行道，新建 3 万平方米的航站楼和 16 个机位的站坪，新建 1 座塔台和 1500 平方米的航管楼及徐连导航台、供油等其他配套设施	23.13

续表

序号	项目名称	审批环节	投资主体	建设地点	飞行区等级	建设内容	总投资（亿元）
4	鄂州机场	立项	国家发展改革委、中国民航局、湖北省、中国航空油料有限责任公司、深圳顺丰泰森控股（集团）有限公司	鄂州	4E	新建东西 2 条长 3600 米、宽 45 米的远距跑道，新建 1.5 万平方米的航站楼、153 个机位的站坪，新建 1 座塔台和 5000 平方米的航管楼，以及其他配套设施；深顺进驻机场设置转运中心以及顺丰航空公司基地	372.6
5	文山机场	立项	国家发展改革委、中国民航局、云南省、文山州	文山	4C	新建跑道长 2400 米、宽 45 米、厚 28 厘米，航站楼 1800 平方米，航管楼 700 平方米及其他配套设施	2.61

资料来源：国务院和国家发展改革委网站。

表 3-7　　2018 年批复的交通建设规划

序号	规划类型	项目名称	项目数（个）	批复里程（公里）	总投资（亿元）
1	城市轨道交通建设规划	苏州市城市轨道交通第三期建设规划（2018—2023 年）	4	137.4	933.2
2		重庆市城市轨道交通第三期建设规划（2018—2023 年）	3	70.51	455.7
3		调整济南市城市轨道交通第一期建设规划（2015—2019 年）	1	1.2	29.3
4		调整杭州市城市轨道交通第三期建设规划（2017—2022 年）	3	68.3	560.1
5		上海市城市轨道交通第三期建设规划（2018—2023 年）	9	286.1	2983.48
6		长春市城市轨道交通第三期建设规划（2019—2024 年）	7	116	711.37
7		武汉市城市轨道交通第四期建设规划（2019—2024 年）	8	198.4	1469.07
8	城际铁路建设规划	广西北部湾经济区城际铁路建设规划（2019—2023 年）	2	325	517
9		江苏省沿江城市群城际铁路建设规划（2019—2025 年）	8	1063	2180
10		粤东地区城际铁路建设规划	7	460	1002

资料来源：国家发展改革委网站。

Chapter 04

第四章 区域发展

2018 年，在国家四大板块、三大战略等区域发展战略的指引下，我国区域交通发展格局进一步优化，交通运输对区域协调发展、协同发展、绿色发展和全方位开放开发的匹配支撑能力显著提升。四大板块交通基础设施建设总体仍呈现快速发展态势，特别是西部地区的铁路、公路、高速公路以及东北地区的高速铁路建设进程加速，各地区板块间交通基础设施发展相对速度的差距进一步缩小。各地区板块的客货运输需求总体保持平稳较快增长，东北和西部地区分别在铁路客货运量、民航机场货邮吞吐量、民航机场旅客吞吐量指标上出现显著增长，各地区运输服务发展结构进一步调整优化。在国家区域发展战略相关地区，交通运输发展进一步向协同化、一体化方向推进，“一带一路”沿线国家交通设施互联互通项目持续走深走实，推进速度有所加快，发展质量稳步提高，中欧班列协调协作发展机制进一步完善，行业自律机制逐步完善并发挥重要作用。

一、四大板块交通发展情况

2018 年，东北、东部、中部和西部地区铁路营业里程占比分别为 14.0%、24.0%、21.9% 和 40.1%，西部地区占比最大；高速铁路里程占比分别为 12.2%、33.0%、25.0% 和 29.8%，东部地区占比最大；公路通车里程占比分别为 8.2%、23.9%、26.8% 和 41.1%，西部地区占比最大；高速公路里程占比分别为 8.5%、28.7%、25.3% 和 37.5%，西部地区占比最大；民航运输机场数量占比分别为 11.5%、23.0%、15.7% 和 49.8%，西部地区占比最大。我国四大板块 2018 年交通基础设施结构及基本情况见图 4–1 和表 4–1。

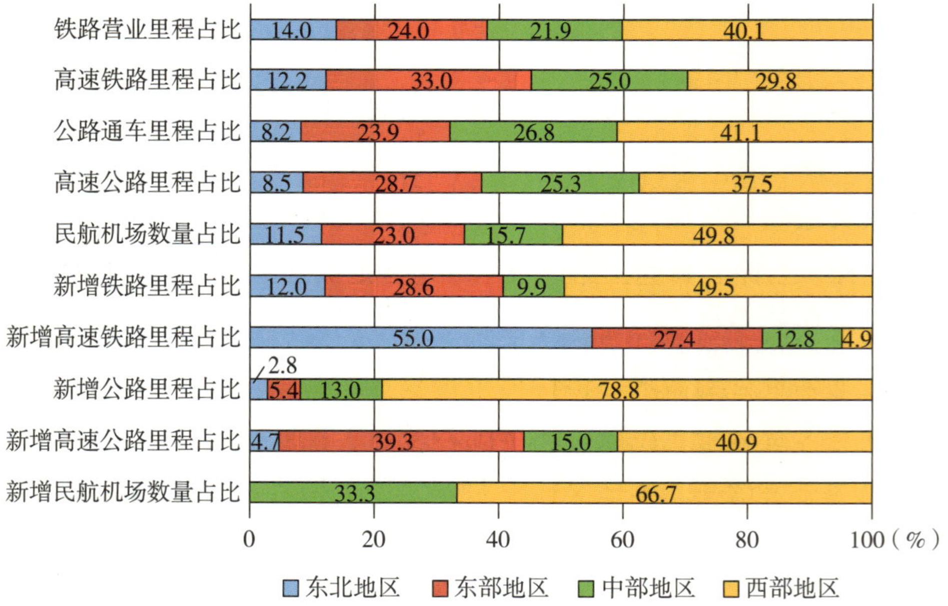

图 4–1　我国四大板块 2018 年交通基础设施结构

表 4–1 我国四大板块 2018 年交通基础设施情况

类别指标		东北地区	东部地区	中部地区	西部地区
现状规模	**铁路营业里程（公里）**	18462	31528	28864	52797
	高速铁路里程（公里）	3138	8498	6458	7691
	公路通车里程（公里）	395489	1158275	1298192	1988695
	高速公路通车里程（公里）	12141	40952	36065	53582
	已建成机场个数（含建成未运营机场）	27	54	37	117
同比增速	**铁路里程同比增速**	4.5%	6.1%	2.2%	6.1%
	高速铁路里程同比增速	35.5%	5.1%	3.0%	1.0%
	公路里程同比增速	0.7%	0.5%	1.0%	4.2%
	高速公路里程同比增速	2.5%	6.4%	2.7%	5.1%
	民航机场个数同比增速	0.0%	0.0%	5.7%	3.5%
区域结构	**铁路里程占全国比重**	14.0%	24.0%	21.9%	40.1%
	高速铁路里程占全国比重	12.2%	33.0%	25.0%	29.8%
	新增铁路里程占全国新增里程比重	12.0%	28.6%	9.9%	49.5%
	新增高速铁路里程占全国新增里程比重	55.0%	27.4%	12.8%	4.9%
	公路里程占全国比重	8.2%	23.9%	26.8%	41.1%
	高速公路里程占全国比重	8.5%	28.7%	25.3%	37.5%
	新增公路里程占全国新增里程比重	2.8%	5.4%	13.0%	78.8%
	新增高速公路里程占全国新增里程比重	4.7%	39.3%	15.0%	40.9%
	民航机场数量占全国比重	11.5%	23.0%	15.7%	49.8%
	新增民航机场数量占全国新增数量比重	0.0%	0.0%	33.3%	66.7%
路网密度	**铁路网密度（公里 / 万平方公里）**	234.29	344.19	280.78	76.75
	高速铁路网密度(公里 / 万平方公里)	39.82	92.80	62.84	11.74
	公路网密度（公里 / 万平方公里）	5018.26	12647.69	12632.01	3036.73
	高速公路网密度(公里 / 万平方公里)	154.05	447.18	350.93	81.82
	机场密度（个 / 万平方公里）	0.34	0.60	0.37	0.18

数据来源：根据各省（直辖市、自治区）发展改革委提供数据汇总整理。

2018 年，全国交通基础设施建设总体仍呈现快速发展态势，特别是西部地区的铁路、公路、高速公路的建设进程加速，新增设施分别占全国新增设施的 49.5%、78.8% 和 40.9%，居各板块之首。另外，值得一提的是，东北地区 2018 年高速铁路建设突飞猛进，该地区高速铁路新增里程占全国新增高铁里程的 55.0%，远高于其他地区。

（一）东北地区

东北地区包括辽宁、吉林和黑龙江 3 个省，国土面积 78.8 万平方公里，占全国国土总面积的 8.2%。2018 年东北地区生产总值达 56751.6 亿元，常住人口总数为 10836.5 万人。

1. 基础设施发展情况

2018 年，东北地区铁路营业里程约 1.8 万公里，同比增长 7.4%，其中设计时速 250 公里以上的高速铁路里程约 3138.5 公里，较上年增长 35.5%。东北地区铁路网密度约为 234.3 公里 / 万平方公里，其中高速铁路网密度约为 39.8 公里 / 万平方公里。

东北地区公路通车里程约 39.5 万公里，同比增长 0.7%，其中高速公路约 1.2 万公里，同比增长 2.5%；东北地区公路网密度约为 5018.3 公里 / 万平方公里，其中高速公路网密度约为 154.1 公里 / 万平方公里。

东北地区已建成的民航运输机场达 27 个，其中投入运营的有 27 个，民航机场密度为 0.3 个 / 百万平方公里。沿海规模以上码头泊位达 374 个，同比减少 11.2%，其中万吨级泊位为 211 个，同比减少 8.7%。内河航道通航里程约 7529 公里，其中等级航道里程 7079 公里、三级及以上航道里程约 2080 公里，较上年均无变化。此外，内河规模以上码头泊位 105 个，较上年减少 5.4%。

2018 年东北地区交通基础设施基本情况见表 4–2。

表 4-2 2018 年东北地区交通基础设施基本情况

指 标	单 位	2017 年	2018 年	2018 年增速
铁路营业里程	公里	17191.0	18462.4	7.4%
高速铁路里程（设计时速 250 公里及以上）	公里	2316.0	3138.5	35.5%
公路通车里程	公里	392590.0	395489.0	0.7%
高速公路里程	公里	11843.0	12141.0	2.5%
民航运输机场数（已建成的）	个	27	27	0.0%
已开通运营的民航运输机场数	个	27	27	0.0%
沿海规模以上主要港口码头泊位	个	421	374	-11.2%
沿海万吨级泊位	个	231	211	-8.7%
内河规模以上主要港口码头泊位	个	111	105	-5.4%
内河万吨级泊位	个	0	0	0.0%
内河航道通航里程	公里	7529.1	7529.0	0.0%
等级航道里程	公里	7079.0	7079.0	0.0%
三级及以上航道里程	公里	2079.5	2080.0	0.0%

数据来源：国家统计局、地方发展改革委。

2. 客货运输量情况

2018 年，东北地区铁路客运量约 3.3 亿人次，同比增长 3.3%；公路客运量约 10 亿人次，同比下降 5.9%。铁路货运量约 3.7 亿吨，同比增长 7.8%；公路货运量约 27.9 亿吨，同比增长 2.2%。沿海规模以上港口货物吞吐量约 10.5 亿吨，同比下降 6.9%，其中集装箱吞吐量约 1878 万 TEU，同比下降 3.7%。内河规模以上港口货物吞吐量约 267 万吨，同比下降 20.3%，其中集装箱吞吐量为零，较上年无变化。民航机场旅客吞吐量约 7874.3 万人次，同比增长 9.7%；货邮吞吐量约 55.1 万吨，同比增长 0.7%。2018 年东北地区客货运量及吞吐量情况见表 4-3。

表 4-3　　2018 年东北地区客货运量及吞吐量基本情况

指　标	单位	2017 年	2018 年	2018 年增速
铁路客运量	万人次	32341	33420	3.3%
公路客运量	万人次	106785	100466	-5.9%
铁路货运量	万吨	33998	36663	7.8%
公路货运量	万吨	273128	279200	2.2%
沿海规模以上港口货物吞吐量	万吨	112558	104812	-6.9%
集装箱吞吐量	万 TEU	1950	1878	-3.7%
内河规模以上港口货物吞吐量	万吨	335	267	-20.3%
集装箱吞吐量	万 TEU	0	0	0.0%
民航机场旅客吞吐量	万人次	7178	7874.3	9.7%
民航机场货邮吞吐量	万吨	54.73	55.1	0.7%

数据来源：国家统计局、地方发展改革委。

3. 重大交通项目进展及若干典型项目基本情况

2018 年，东北地区铁路领域没有新开工项目，建成投产项目 12 个；高速公路领域新开工项目 2 个，建成投产项目 2 个；民航机场方面新开工项目 2 个，建成投产项目 1 个；港口方面新开工项目 2 个，其中万吨级以上泊位项目 2 个。2018 年东北地区铁路和机场重大交通项目情况见表 4-4、表 4-5。

表 4-4　　2018 年东北地区铁路和机场重大交通项目基本情况

交通领域	新开工项目个数	建成投产项目个数
铁　路	0	12
民航机场	2	1

注：因部分铁路项目属于跨省建设，本报告按省分段统计项目个数。
数据来源：根据东北地区 3 个省发展改革委提供的数据汇总。

表 4-5 2018 年东北地区铁路和机场重大交通项目名称

领域	新开工项目	建成投产项目
铁路	—	哈尔滨至牡丹江铁路、京沈高铁辽宁段、通辽至新民高速铁路
机场	伊春机场改扩建工程、长白山改扩建工程	—

资料来源：根据东北地区 3 个省发展改革委提供的资料汇总。

总体来看，2018 年东北地区持续转型，并在交通运输方面取得了一定成就，其中铁路建设和运营方面成绩尤其突出。

铁路方面，截至 2018 年年底，随着哈尔滨至牡丹江铁路、京沈高铁辽宁段、通辽至新民高速铁路项目相继建成投产，东北地区的高速铁路里程已达到 3138.5 公里，同上年相比增加 35.5%，增幅远超全国其他三大板块。与铁路建设相适应，同期铁路客货运量也均有所增加，2018 年铁路客运量较 2017 年增长 3.3%，铁路货运量较 2017 年增长 7.8%。

民航方面，2018 年东北地区的民航运输机场个数虽未发生变化，但民航机场的客货吞吐量较 2017 年均有所增加，其中民航机场旅客吞吐量同比上涨 9.7%，增幅明显，一定程度上说明民航服务的效率和运输机场的利用率均有所提升。

重点项目方面，2018 年哈尔滨至牡丹江铁路建成运营，不仅使哈尔滨到牡丹江的运行时间从 4 小时缩短到 1.5 小时，并且将哈牡、哈佳、牡佳三条高铁有效连接，形成黑龙江高速铁路网“金三角”格局，在有效分流既有客运铁路压力的同时释放更多物流运力空间。2018 年 12 月 29 日，京沈高铁辽宁段正式开通运营，作为京哈高铁的重要组成部分，该高铁路段进一步拓展了东北地区高速铁路网覆盖面，极大方便了沿线群众出行，对促进区域经济社会发展、助力东北全面振兴具有一定意义。

（二）东部地区

东部地区包括北京、天津、河北、上海、江苏、浙江、福建、山东、广东、海南等 10 个省（直辖市），国土面积 91.6 万平方公里，占全国国土总面积的 9.5%。2018 年东部地区生产总值达 480995.7 亿元，常住人口总数为 53750.1 万人。

1. 基础设施发展情况

2018 年，东部地区铁路营业里程达 3.2 万公里，同比增长 5.5%，其中，设计时速 250 公里以上的高速铁路里程达 8498 公里，同比增长 5.1%。东部地区铁路线网密度约为 344.2 公里 / 万平方公里，其中高速铁路网密度约为 92.8 公里 / 万平方公里。

东部地区公路通车里程达 115.8 万公里，同比增长 0.5%，其中高速公路里程达 4.1 万公里，同比增长 6.4%。东部地区公路线网密度约为 12647.7 公里 / 万平方公里，其中高速公路网密度约为 447.2 公里 / 万平方公里。

东部地区已建成的民航运输机场达 54 个，其中投入运营的有 54 个，民航机场密度为 0.6 个 / 万平方公里。沿海规模以上码头泊位达 5571 个，其中万吨级泊位为 1742 个，同比增长 2.5%。内河航道通航里程为 53038 公里，其中等级航道里程 21514 公里、三级及以上航道里程 4565 公里。此外，内河规模以上码头泊位 7445 个，其中万吨级泊位 411 个，同比减少 65.1%。

2018 年东部地区交通基础设施基本情况见表 4–6。

表 4–6 2018 年东部地区交通基础设施基本情况

指　标	单位	2017 年	2018 年	2018 年增速
铁路营业里程	公里	29883	31528	5.5%
高速铁路里程（设计时速 250 公里及以上）	公里	8089	8498	5.1%
公路通车里程	公里	1152768	1158275	0.5%
高速公路里程	公里	38473	40952	6.4%
民航运输机场数（已建成的）	个	54	54	0.0%
已开通运营的民航运输机场数	个	54	54	0.0%
沿海规模以上主要港口码头泊位	个	5688	5571	–2.1%
沿海万吨级泊位	个	1699	1742	2.5%
内河规模以上主要港口码头泊位	个	11760	7445	–36.7%
内河万吨级泊位	个	1178	411	–65.1%
内河航道通航里程	公里	53089	53038	–0.1%
等级航道里程	公里	21579	21514	–0.3%
三级及以上航道里程	公里	4195	4565	8.8%

数据来源：国家统计局、地方发展改革委。

2. 客货运输量情况

2018 年，东部地区铁路客运量约 1.5 亿人次，同比增长 12.8%；公路客运量约 46.3 亿人次，同比减少 4.9%。铁路货运量约 7.8 亿吨；同比增长 7.7%；公路货运量约 135.3 亿吨，同比增长 7.0%。沿海规模以上港口货物吞吐量约 74.3 亿吨，同比减少 3.9%，其中集装箱吞吐量约 19986 万 TEU，同比增长 5.6%。内河规模以上港口货物吞吐量约 28.1 亿吨，同比增长 1.2%，其中集装箱吞吐量约 2111 万 TEU，同比增长 6.1%。民航机场旅客吞吐量约 6.7 亿人次，同比增长 9.7%；货邮吞吐量 1246 万吨，同比增长 2.4%。

2018 年东部地区客货运量及吞吐量基本情况见表 4–7。

表 4–7　　2018 年东部地区客货运量及吞吐量基本情况

指　标	单位	2017 年	2018 年	2018 年增速
铁路客运量	万人次	134348	151515	12.8%
公路客运量	万人次	487298	462767	–4.9%
铁路货运量	万吨	72073	77591	7.7%
公路货运量	万吨	1264787	1352880	7.0%
沿海规模以上港口货物吞吐量	万吨	773568	743087	–3.9%
集装箱吞吐量	万 TEU	18921	19986	5.6%
内河规模以上港口货物吞吐量	万吨	277867	281071	1.2%
集装箱吞吐量	万 TEU	1990	2111	6.1%
民航机场旅客吞吐量	万人次	61366	67342	9.7%
民航机场货邮吞吐量	万吨	1216	1246	2.4%

数据来源：国家统计局、地方发展改革委。

3. 重大交通项目进展及若干典型项目基本情况

2018 年，东部地区铁路领域新开工项目 13 个，建成投产项目 16 个；高速公路领域新开工项目 30 个，建成投产项目 42 个；民航机场方面新开工项目 8 个，建成投产项目 8 个；内河航道方面新开工项目 8 个，建成投产项目 3 个；港口方面新开工项目 31 个（其中万吨级以上泊位项目 24 个），建成投产项目 40 个（其中万吨级以上泊位项目 30 个）。

2018 年东部地区重大交通项目基本情况及项目名称见表 4–8、表 4–9。

表 4–8　　2018 年东部地区重大交通项目基本情况

交通领域	新开工项目个数	建成投产项目个数
铁　　路	13	16
民航机场	8	8

注：因部分铁路项目属于跨省建设，本报告按省分段统计项目个数。
数据来源：根据东部地区相应 10 个省（直辖市）发展改革委提供的资料汇总。

表 4–9　2018 年东部地区铁路和民航机场领域重大交通项目名称

领域	新开工项目	建成投产项目
铁路	汕头至汕尾铁路、鲁南高铁菏泽至曲阜段、盐通铁路、苏南沿江铁路、京滨铁路、京唐铁路	深茂铁路江门至茂名段、南三龙铁路、济青高铁、青连铁路、连盐铁路、宁启铁路二期
机场	连云港民用机场迁建工程、无锡硕放机场老航站楼改造工程	虹桥机场 T1 航站楼改造及配套工程、广州白云国际机场二期扩建工程、扬州泰州机场扩建工程、淮安涟水机场二期扩建工程、盐城南洋机场航站区改扩建工程

资料来源：根据东部地区相应 10 个省（直辖市）发展改革委提供的资料汇总。

总体来看，2018 年东部地区基础设施和运输服务质量齐升，继续保持良好的高质量发展态势。

基础设施方面，铁路和公路的营运里程较上年分别增长 6.1% 和 0.5%，路网覆盖水平高位提升，面积密度分别达到每万平方公里 346.4 公里和 12647.7 公里，其中高速铁路和高速公路里程分别增长 5.1% 和 6.4%。沿海规模以上主要港口码头泊位数较上年减少 117 个，降幅为 2.1%，但其中万吨级泊位数增加 43 个，增幅为 2.5%。内河航道通航里程较上年减少 51.1 公里，降幅为 0.1%，但其中三级及以上航道里程增加 370 公里，增幅为 8.8%，设施等级不断提升。

运输服务方面，铁路客运量 151515 万人次，公路客运量降幅达到 4.9%，民航客运量同比增长 9.7%。公路货运量和民航货邮吞吐量增幅分别达到 7.0% 和 2.4%，铁路货运量 77591 万吨。

重点项目方面，济青高铁项目于 2018 年 12 月 26 日竣工运营。该条高铁线路作为我国“八纵八横”高速铁路网青银通道的东端部分，西联济南枢纽，同京沪、石济、石太等高速铁路相连，东接青岛枢纽，与青荣城际、青连铁路等衔接，构成山东省内“2 小时交通圈”，对进一步优化区域高铁路网结构、促进区域经济社会发展等具有十分重要意义。

（三）中部地区

中部地区包括山西、安徽、江西、河南、湖北、湖南等 6 个省，国土面积 102.8 万平方公里，占全国国土总面积的 10.7%。2018 年中部地区生产总值达 192657.9 亿元，常住人口总数为 37110.3 万人。

1. 基础设施发展情况

2018 年，中部地区铁路营业里程约 2.9 万公里，同比增长 1.8%，其中设计时速 250 公里以上的高速铁路里程达 6458 公里，同比增长 3.0%。中部地区铁路线网密度约为 280.8 公里 / 万平方公里，其中高速铁路网密度约为 62.8 公里 / 万平方公里。

中部地区公路通车里程约 129.8 万公里，同比增长 1.0%，其中高速公路里程约 3.6 万公里，同比增长 2.7%。中部地区公路线网密度约为 12632.01 公里 / 万平方公里，其中高速公路网密度约为 350.9 公里 / 万平方公里。

中部地区已建成的民航运输机场达 37 个，其中投入运营的有 37 个，民航机场密度为 0.4 个 / 万平方公里。内河航道通航里程为 34136 公里，其中等级航道里程 16014 公里、三级及以上航道里程 4560 公里。此外，内河规模以上码头泊位 1829 个，同比增加 0.9%，其中万吨级泊位 17 个，与上年持平。

2018 年中部地区交通基础设施基本情况见表 4–10。

表 4–10　　2018 年中部地区交通基础设施基本情况

指　标	单位	2017 年	2018 年	2018 年增速
铁路营业里程	公里	28342	28864	1.8%
高速铁路里程（设计时速 250 公里及以上）	公里	6267	6458	3.0%

续表

指　标	单位	2017 年	2018 年	2018 年增速
公路通车里程	公里	1284796	1298192	1.0%
高速公路里程	公里	35118	36065	2.7%
民航运输机场数（已建成的）	个	35	37	5.7%
已开通运营的民航运输机场数	个	35	37	5.7%
沿海规模以上主要港口码头泊位	个	0	0	0.0%
沿海万吨级泊位	个	0	0	0.0%
内河规模以上主要港口码头泊位	个	1812	1829	0.9%
内河万吨级泊位	个	17	17	0.0%
内河航道通航里程	公里	34139	34136	0.0%
等级航道里程	公里	15804	16014	1.3%
三级及以上航道里程	公里	4327	4560	5.4%

数据来源：国家统计局、地方发展改革委。

2. 客货运输量情况

2018 年，中部地区铁路客运量约 7.8 亿人次，同比增长 6.5%；公路客运量约 38.1 亿人次，同比减少 7.6%。铁路货运量约 11.8 亿吨，同比增长 10.5%；公路货运量约 117.0 亿吨，同比增长 7.9%。内河规模以上港口货物吞吐量约 11.7 亿吨，同比增加 15.3%，其中集装箱吞吐量约 472 万 TEU，同比增长 15.2%。民航机场旅客吞吐量约 1.4 亿人次，同比增长 15.1%；货邮吞吐量约 113 万吨，同比增长 9.4%。

2018 年中部地区客货运量及吞吐量基本情况见表 4–11。

表 4–11　　2018 年中部地区客货运量及吞吐量基本情况

指　标	单位	2017 年	2018 年	2018 年增速
铁路客运量	万人次	73685	78465	6.5%
公路客运量	万人次	412794	381494	–7.6%

续表

指　标	单位	2017 年	2018 年	2018 年增速
铁路货运量	万吨	106955	118140	10.5%
公路货运量	万吨	1084760	1170394	7.9%
沿海规模以上港口货物吞吐量	万吨	0	0	0.0%
集装箱吞吐量	万 TEU	0	0	0.0%
内河规模以上港口货物吞吐量	万吨	101733	117284	15.3%
集装箱吞吐量	万 TEU	409	472	15.2%
民航机场旅客吞吐量	万人次	12227	14076	15.1%
民航机场货邮吞吐量	万吨	103	113	9.4%

数据来源：国家统计局、地方发展改革委。

3. 重大交通项目进展及若干典型项目基本情况

2018 年，中部地区铁路领域新开工项目 10 个，建成投产项目 7 个；高速公路领域新开工项目 14 个，建成投产项目 22 个；民航机场方面新开工项目 6 个，建成投产项目 2 个；内河航道方面新开工项目 30 个，建成投产项目 16 个；港口方面新开工项目 33 个（其中万吨级以上泊位项目 17 个），建成投产项目 17 个（其中万吨级以上泊位项目 0 个）。

2018 年中部地区重大交通项目基本情况及名称见表 4–12、表 4–13。

表 4–12　　2018 年中部地区重大交通项目基本情况

交通领域	新开工项目个数	建成投产项目个数
铁　路	10	7
民航机场	6	2

注：因部分铁路项目属于跨省建设，本报告按省分段统计项目个数。
数据来源：根据中部地区相应 6 个省份发展改革委提供的资料汇总。

表 4-13 2018 年中部地区铁路和民航机场领域重大交通项目名称

领域	新开工项目	建成投产项目
铁路	张吉怀铁路、昌景黄高铁、阳逻国际港集装箱铁水联运二期铁路专用线	怀邵衡铁路、黄杭高铁
机场	湘西民用机场新建工程、郴州北湖机场新建工程、荆州沙市民用机场新建工程	岳阳三荷机场新建工程

数据来源：根据中部地区相应 6 个省份发展改革委提供的资料汇总。

总体来看，2018 年中部地区交通发展继续保持稳定增长态势，在高等级基础设施建设的有力支撑下，运输服务结构稳步优化，高质量发展特征明显。

基础设施建设方面，2018 年中部地区交通基础设施规模增长较快，特别是高等级基础设施增幅明显，其中，高速铁路里程同比增长 3.0%，高速公路通车里程同比增长 2.7%，民航机场个数同比增长 5.7%。

运输服务方面，民航旅客和货邮吞吐量均实现快速增长，增幅分别达到 15.1% 和 9.4%；内河港口集装箱运量增幅达到 15.2%；铁路客运量 78465 万人次，铁路货运量同比有大幅增长，增幅为 10.5%；相比之下，公路客运量出现了一定程度下滑，降幅为 7.6%，但公路货运量有所增长，增幅为 7.9%。一定程度上反映出在交通基础设施的持续加强和经济结构继续转型升级的背景下，交通运输结构的优化进程稳步推进，高质量发展特征明显。

重点项目方面，2018 年中部地区建成了杭黄高速铁路项目，结束了浙江西部不通高铁的历史，作为长三角城际铁路网的有效延伸，该条高铁将沿途名城（杭州）、名江（富春江、新安江）、名湖（千岛湖）、名山（黄山）串连起来，形成一条世界级黄金旅游通道，有利于整合旅游资源，对优化和完善区域快速路网布局、推进区域经济协调发展具有重要意义。

（四）西部地区

西部地区包括内蒙古、广西、重庆、四川、贵州、云南、西藏、陕西、甘肃、青海、宁夏、新疆共 12 个省（自治区、直辖市），国土面积 687.9 万平方公里，占全国国土总面积的 71.6%。2018 年西部地区生产总值达 184302.1 亿元，常住人口总数为 37955.9 万人。

1. 基础设施发展情况

2018 年，西部地区铁路营业里程约 5.3 万公里，同比增长 1.7%，其中设计时速 250 公里以上的高速铁路里程约 7691 公里，同比增长 1.0%。西部地区铁路网密度约为 76.8 公里 / 万平方公里，其中高速铁路网密度约为 11.7 公里 / 万平方公里。

西部地区公路通车里程约 198.9 万公里，同比增长 4.2%，其中高速公路里程约 5.4 万公里，同比增长 5.1%。西部地区公路网密度约为 3036.7 公里 / 万平方公里，其中高速公路网密度约为 81.8 公里 / 万平方公里。

西部地区已建成的民航运输机场达 117 个，其中投入运营的有 115 个，民航机场密度为 0.2 个 / 百万平方公里。沿海规模以上码头泊位达 265 个，同比增长 0.8%，其中万吨级泊位为 88 个，同比增长 2.3%。内河航道通航里程约 34090.9 公里，同比下降 1.0%，其中，等级航道里程为 19854.5 公里，同比增长 8.3%，三级及以上航道里程约 2620.7 公里，同比增长 22.6%。此外，内河规模以上码头泊位 1829 个，同比下降 13.3%。

2018 年西部地区交通基础设施基本情况见表 4–13。

表 4-13　　2018 年西部地区交通基础设施基本情况

指　标	单位	2017 年	2018 年	2018 年增速
铁路营业里程	公里	51899.5	52797.1	1.7%
高速铁路里程（设计时速 250 公里及以上）	公里	7618	7691.0	1.0%
公路通车里程	公里	1907844	1988694.8	4.2%
高速公路里程	公里	51002	53582.0	5.1%
民航运输机场数（已建成的）	个	113	117	3.5%
已开通运营的民航运输机场数	个	112	115	2.7%
沿海规模以上主要港口码头泊位	个	263	265	0.8%
沿海万吨级泊位	个	86	88	2.3%
内河规模以上主要港口码头泊位	个	2109	1829	-13.3%
内河万吨级泊位	个	0	0	0.0%
内河航道通航里程	公里	34439.5	34090.9	-1.0%
等级航道里程	公里	18324.5	19854.5	8.3%
三级及以上航道里程	公里	2138	2620.7	22.6%

数据来源：国家统计局、地方发展改革委。

2. 客货运输量情况

2018 年，西部地区铁路客运量约 7.4 亿人次，同比增长 16.2%；公路客运量约 42.2 亿人次，同比下降 6.7%。铁路货运量约 17.0 亿吨，同比增长 9.3%；公路货运量约 115.4 亿吨，同比增长 8.8%。沿海规模以上港口货物吞吐量约 2.4 亿吨，同比增长 9.5%，其中集装箱吞吐量约 290 万 TEU，同比增长 27.3%。内河规模以上港口货物吞吐量约 38440.5 万吨，同比减少 0.8%，其中集装箱吞吐量为 340.0 万 TEU，同比增长 8.8%。民航机场旅客吞吐量约 37216.6 万人次，同比增长 9.4%；货邮吞吐量约 365.9 万吨，同比增长 7.4%。

2018 年西部地区客货运量及吞吐量基本情况见表 4-14。

表 4–14　　2018 年西部地区客货运量及吞吐量基本情况

指　标	单位	2017 年	2018 年	2018 年增速
铁路客运量	万人次	63808.0	74127.0	16.2%
公路客运量	万人次	452388.0	422040.9	-6.7%
铁路货运量	万吨	155795.0	170236.0	9.3%
公路货运量	万吨	1060875.0	1154407.5	8.8%
沿海规模以上港口货物吞吐量	万吨	21900	23985.0	9.5%
集装箱吞吐量	万 TEU	227.8	290.0	27.3%
内河规模以上港口货物吞吐量	万吨	38768.0	38440.5	-0.8%
集装箱吞吐量	万 TEU	312.6	340.0	8.8%
民航机场旅客吞吐量	万人次	34004.9	37216.6	9.4%
民航机场货邮吞吐量	万吨	340.7	365.9	7.4%

数据来源：国家统计局、地方发展改革委。

3. 重大交通项目进展及若干典型项目基本情况

2018 年，西部地区铁路领域新开工项目 10 个，建成投产项目 13 个；民航机场方面新开工项目 4 个，建成投产项目 17 个。具体情况见表 4–15、表 4–16。

表 4–15　　2017 年西部地区铁路和机场重大交通项目基本情况

交通方式	新开工项目个数	建成投产项目个数
铁　　路	10	13
民航机场	4	17

注：因部分铁路、公路项目属于跨省建设，本报告按省分段统计项目个数。

数据来源：根据西部地区相应 12 个省（自治区、直辖市）发展改革委提供的数据汇总。

表 4–16　　2018 年西部地区铁路和机场重大交通项目

领域	新开工	建成
铁路	防城港至东兴铁路、包头至银川高铁银川至惠农段、成自宜高速铁路自宜段、和田至若羌铁路、盘州至兴义铁路	成蒲铁路、川藏铁路成雅段、铜仁至玉屏铁路、通辽至京沈高铁连接线
机场	镶黄旗通用机场新建工程	达茂旗通用机场新建工程

资料来源：根据西部地区相应 12 个省（自治区、直辖市）发展改革委提供的资料汇总。

总体来看，西部地区 2018 年交通基础设施建设和运输服务水平继续保持高速增长态势，符合我国继续加快西部地区发展的区域发展战略，同时也体现出“十三五”时期我国交通基础设施建设力度继续向西部倾斜的发展趋势。

基础设施建设方面，2018 年西部地区铁路营业里程较上年增长 1.7%，公路通车里程增长 4.2%，高速公路里程增长 5.1%，同时新增 4 个民航运输机场，在四大板块中属于基础设施建设较快发展的地区。这一情况十分符合我国持续加快西部地区发展建设的区域战略。

与西部地区基础设施积极建设的大趋势相适应，2018 年西部地区铁路客运量较上年增长 16.2%，民航机场旅客吞吐量增长 9.4%，铁路和民航两种交通方式有效分流了公路客运压力，导致公路客运量较上年下降了 6.7%。货运方面，铁路、公路、民航货运量较上年分别增长 9.3%、8.8% 和 7.4%，均实现了出较高的增速。

重点项目方面，2018 年 12 月 26 日，铜仁至玉屏铁路正式开通运营，使得铜仁与贵阳间的铁路最快旅行时间缩短为 1 小时 40 分钟，更加方便了周边地区的民众出行。通辽至京沈高铁连接线也于 2018 年 9 月 30 日建成，建成通车后，从通辽到沈阳的乘车时间将由过去的 5 小时缩短至 1.5 小时，通辽到北京的时间更是由过去的 14 小时缩短至3.5小时，对推进蒙东地区、辽宁地区和京津冀地区协同发展必将发挥积极作用。

二、重点战略区域交通发展情况

（一）京津冀地区

京津冀地区包括北京、天津、河北三个省（直辖市），国土面积21.6万平方公里，占全国国土总面积的2.2%。2018年京津冀地区总人口为11270.1万人，占全国总人口的8.08%；国内生产总值为85139.94亿元，占全国国内生产总值的9.46%。

1. 京津冀交通一体化主要进展概述

加快交通一体化先行发展、完善"四纵四横一环"综合交通骨架网络布局，是贯彻落实京津冀协同发展战略的着力点之一。2018年，"轨道上的京津冀"加快打造，环首都"半小时通勤圈"逐步扩大，北京大兴国际机场航站楼全面进入内部精装修阶段，飞行区4条跑道全部贯通、校飞任务全部完成，标志着京津冀协同发展迈向中期目标进行部署安排，各重点项目稳步推进。

在交通基础设施互联互通方面，从高速公路建设情况来看，京秦高速北京段、首都地区环线高速通州大兴段正式开通，标志着首都地区环线高速正式成"环"，为京津冀区域形成主要城市之间"1小时交通圈"、主要城市与周边卫星城市间"半小时生活圈"提供交通支撑；兴延高速、延崇高速平原段基本完工，该项目建成通车后，近期服务于2019年延庆世园会，远期与延崇高速相接，为

2022年冬奥会提供交通保障，形成北京西北方向第三高速通道，成为京津冀一体化路网格局的重要组成部分；承平高速（平谷—承德）、G109新线高速、新机场高速南北联络线3条高速公路开始项目前期工作；北京大兴国际机场高速公路重要节点工程“三线四桥”同步转体工程顺利完成，标志着大兴国际机场高速公路全线主体基本建成，轨道交通新机场线地上段基本贯通。

从轨道交通建设情况来看，城际联络线一期工程新机场段已正式开工建设，京滨城际铁路宝坻南站至京津新城段已全面开始桩基施工。该项目建成后，北京至滨海新区通达时间约57分钟，宝坻至北京约18分钟，到天津机场约32分钟，到滨海新区约39分钟，将打通京津冀交通的薄弱环节，对河北承接北京和天津的产业转移、对北京非首都核心功能的疏解等具有重大意义。京唐城际铁路首榀箱梁架设成功，为如期完成京唐铁路潮白新河特大桥建设任务奠定了良好基础。该项目建成后，北京到唐山的运行时间仅为30分钟，通州周边的北三县（燕郊、大厂、香河）到达通州的时间也将缩短至10分钟左右。

在综合运输服务提升方面，京津冀一卡通可在北京市轨道交通全路网刷卡通行，与北京市公共交通系统实现接入的城市包括天津、石家庄、保定、廊坊、张家口、唐山、秦皇岛、承德、沧州、邢台、邯郸、衡水；天津市凡持有“交通联合”标识的交通一卡通互通卡，均可在市区、滨海公交线路、地铁运营线路，以及北京市、河北省公交、地铁刷卡乘车，并享受当地票价优惠政策。至此，京津冀“同城出行、同城优惠”的出行模式已初步形成。截至2018年12月底，天津市已累计发卡175万张，京津冀三地累计发行交通联合卡327万张。石家庄机场持续引进驻场运力，航线结构不断优化，运营航线达到155条，通航城市84个，运营航空公司34家。通过中转联程、空铁联运、空陆联程等多式联运，石家庄机场航空服务范围不断扩大，集聚辐射能力显著增强。以服务雄安新区为目标，石家庄机场在雄安新区及周边保定地区开通了 6 条直通车线路和 5 个异地城市候机楼。

在雄安新区交通运输发展方面，国务院于 2018 年 12 月 25 日发布《国务院关于河北雄安新区总体规划（2018—2035 年）的批复》，提出：要构建现代综合交通体系。要按照网络化布局、智能化管理、一体化服务的要求，加快建立连接雄安新区与京津及周边其他城市、北京大兴国际机场之间的轨道和公路交通网络。完善雄安新区与外部连通的高速公路、干线公路网。坚持公交优先，综合布局各类城市交通设施，实现多种交通方式顺畅换乘和无缝衔接，打造便捷、安全、绿色、智能的交通系统。在项目筹建方面，京雄高速开始项目前期工作；北京至雄安新区城际铁路及京雄城际雄安站正式开工，该项目建成运营后，雄安新区将高效融入“轨道上的京津冀”，实现与北京、天津半小时交通圈，与石家庄 1 小时交通圈，进一步完善京津冀区域高速铁路网结构，便利沿线群众出行，对提高新区对全国的辐射能力、促进京津冀协同发展具有十分重要的意义。

值得一提的是，2018 年北京市发展改革委对外发布了《京津冀协同发展 2018—2020 年行动计划及 2018 年工作要点》，从加强疏解、联动“两翼”、“织密”交通网等方面践行京津冀协同发展的重大战略，努力打造出区域协同发展改革的引领区。到 2020 年，京津冀地区将构建起以轨道交通为骨干的多节点、网络化、便捷高效的交通格局，形成京津石中心城区与新城、卫星城之间“1 小时通勤圈”、京津保唐“1 小时交通圈”。将建成京张高铁、京沈客专等国家干线铁路，京唐城际、京滨城际等城际铁路，北京新机场航站楼、飞行区、场内市政交通工程以及新机场外围“五纵两横”综合交通网络。将推进承平高速、国道 109 新线等高速公路建设，完善便捷畅通的公路交通网。

2. 京津冀地区交通发展情况

（1）基础设施发展情况。

2018 年，京津冀地区铁路营业里程约 9779.5 公里，同比增长 1.1%，其中设计时速 250 公里以上的高速铁路里程约 1753.3 公里，较上年增长 5.3%。京津冀地区铁路线网密度达 452.8 公里 / 万平方公里，其中高速铁路网密度为 81.2 公里 / 万平方公里。京津冀地区公路通车里程约 22.9 万公里，同比减少 1.5%，其中高速公路约 9655.4 公里，同比增加 12.11%。京津冀地区公路线网密度达 10579.3 公里 / 万平方公里，其中高速公路网密度为 447.0 公里 / 万平方公里。京津冀地区已建成的民航运输机场达 9 个，均已投入运营，机场密度达 0.42 个 / 万平方公里。沿海规模以上码头泊位达 358 个，同比减少 2.7%。

2018 年京津冀地区交通基础设施基本情况见表 4–17。

表 4–17　2018 年京津冀地区交通基础设施基本情况

指　标	单位	2017 年	2018 年	同比增速
铁路营业里程	公里	9670.2	9779.5	1.1%
高速铁路里程（设计时速 250 公里及以上）	公里	1664.3	1753.3	5.3%
公路通车里程	公里	232005.9	228512.8	–1.5%
高速公路里程	公里	8611.8	9655.4	12.11%
民航运输机场数（已建成的）	个	9	9	0.0%
已开通运营的民航运输机场数	个	9	9	0.0%
沿海主要规模以上港口码头泊位	个	368	358	–2.7%
沿海万吨级泊位	个	308	310	0.6%

数据来源：2017 年数据来源于国家统计局，2018 年数据根据北京、天津、河北 3 个省（直辖市）发展改革委提供数据及相关行业数据汇总。

（2）客货运输量情况。

2018 年，京津冀地区铁路客运量约 3.2 亿人次，同比增长 4.9%；公路客运量约 8.7 亿人次，同比减少 8.8%。铁路货运量约 2.9 亿吨，同比增长 11.0%；公路货运量约 28.1 亿吨，同比增长 7.8%。沿海规模以上港口货物吞吐量和集装箱吞吐量同比分别增长 5.2% 和 7.7%。民航机场旅客吞吐量约 1.4 亿人次，同比增加 7.7%；货邮吞吐量约 240.8 万吨，同比增加 1.8%。

2018 年京津冀地区客货运量及吞吐量基本情况见表 4–18。

表 4–18　　2018 年京津冀地区客货运量及吞吐量基本情况

指　标	单位	2017 年	2018 年	同比增速
铁路客运量	万人次	30158.9	31643	4.9%
公路客运量	万人次	95918	87434.1	–8.8%
铁路货运量	万吨	26554	29482	11.0%
公路货运量	万吨	260525	280988.6	7.8%
沿海规模以上港口货物吞吐量	万吨	158056	166374	5.3%
集装箱吞吐量	万 TEU	1881	2026	7.7%
民航机场旅客吞吐量	万人次	13460.7	14499.6	7.7%
民航机场货邮吞吐量	万吨	236.5	240.8	1.8%

数据来源：2017 年数据来源于国家统计局，2018 年数据根据北京、天津、河北 3 个省（直辖市）发展改革委提供数据及相关行业数据汇总。

（3）重大交通项目进展情况。

2018 年，京津冀地区铁路新开工项目 6 个，建成投产项目 2 个；高速公路新开工项目 5 个，建成投产项目 12 个；民航运输机场新建项目 2 个，建成投产项目 1 个；港口新开工项目 2 个，建成投产项目 5 个。

2018 年京津冀地区重大交通项目基本情况及项目名称见表 4–19、表 4–20。

表 4-19　　2018 年京津冀地区重大交通项目基本情况

交通方式	新开工项目个数	建成投产项目个数
铁　路	6	2
高速公路	5	12
民航机场	2	1
港　口	2	5

数据来源：根据北京、天津、河北 3 个省（直辖市）发展改革委提供数据汇总。

表 4-20　2018 年京津冀地区铁路和民航机场重大交通项目名称

领　域	新开工项目	建成投产项目
铁　路	京滨铁路、京唐铁路	
高速公路	延崇高速公路（北京段）、津石高速公路	兴延高速公路、首都地区环线高速（通州—大兴段）工程、京秦高速公路（东六环—市界段）

资料来源：根据北京、天津、河北 3 个省（直辖市）发展改革委提供资料汇总。

（二）长江经济带

长江经济带地区包括上海、江苏、浙江、安徽、江西、湖北、湖南、重庆、四川、云南、贵州等 11 省（直辖市），国土面积 203.8 万平方公里，占全国国土总面积的 21.2%。2018 年，长江经济带地区总人口为 59870.77 万人，占全国总人口的 42.91%；GDP 总量为 402985.1 亿元，占全国 GDP 总量的 44.76%。

1. 长江干线航运情况

按照河道水文和地理特征，长江上中下游划分区段为：宜昌以上河段为上游，宜昌至湖口河段为中游，湖口以下河段为下游。按照航道养护管理的特点，长江上中下游划分区段为：宜昌以上为长江上游航道，宜昌至汉口为长江中游航道，汉口至长江口为长江下游航道。

长江干线航道上起云南水富，下至长江入海口，全长 2838 公里。其中，云南水富至四川宜宾合江门段 30 公里由四川省交通运输厅负责养护管理，湖北宜昌中水门至秭归庙河段 59 公里由长江三峡通航管理局负责养护管理，江苏太仓浏河口至上海长江口（南汉）段 120 公里由长江口航道管理局负责养护管理，其余河段由长江航道局负责养护管理。

从规划建设方面来看，2018 年长江航务管理局制定了《长江航运发展三年行动计划（2018—2020 年）》，开展了《长江航运发展规划纲要（2021—2035 年）》研究，起草了《推进北斗导航系统在长江航运应用全覆盖的实施方案》。全年完成项目投资 28.4 亿元人民币，武汉至安庆段 6 米水深航道整治工程等一批重大项目全面开工建设，完成了 27 个项目“工可”批复立项、17 个项目“初设”批复和 27 个项目的竣工验收；大力推进长江干线北斗地基增强系统工程，已有 3230 座航标、102 艘公务船舶安装了北斗终端。

从航道通航方面来看，2018 年长江航道全年完成疏浚量 8969 万方（其中长江口航道疏浚量 6201 万方），航标正常率 100%；长江南京以下 12.5 米深水航道实现贯通并投入试运行，5 万吨级海轮直达南京港，10 万吨级海轮可减载抵达；长江航务管理局出具航评审核意见 125 项，办理专用航标许可 107 项；严格实施过坝船舶联动控制，近坝水域待闸船舶数量严格控制在 600 艘以内；修订了三峡—葛洲坝枢纽通航调度规程，制定了三峡升船机通航船舶船型技术要求；2018 年 6 月 1 日起全面实施过闸船舶 100% 安全检查，累计检查过闸船舶 3.2 万艘次；同时，将长江中游宜昌至荆州、荆州至岳阳、岳阳至武汉、安庆吉阳矶至皖河口河段枯水期最小维护水深分别由 3.2 米、3.3

米、3.7 米、4.5 米提升至 3.5 米、3.8 米、4.0 米、6.0 米，城陵矶至武汉河段枯水期最小维护水深由 4.0 米试运行提高至 4.2 米，使得“黄金水道”通航能力进一步提升。

从运输服务方面来看，长江干线 2018 年货物通过量达 26.9 亿吨，同比增长 7.6%；集装箱吞吐量完成 1750 万 TEU，同比增长 6.1%；三峡枢纽通过量 1.44 亿吨，同比增长 3.9%，三项指标均创下历史新高。除此之外，长江航务管理局继续推进船型标准化，长江干线货船平均吨位由上年的 1630 吨提升至 1780 吨；江海直达 1140 集装箱示范船“汉海 1 号”顺利首航；长江干线万吨级泊位达到 587 个；全年共引领中外籍船舶 62755 艘次、6.2 亿净吨，同比分别增长 1.2%、7.5%，引领船舶最大吃水太仓港突破至 12.3 米、南通港突破至 12 米、南通以上至南京各港均达到 11.36 米。

从绿色智慧发展方面来看，一是危险货物运输管理不断强化，淘汰老旧省际液货危险品船舶 138 艘（约 5 万载重吨）；实施载运一类危险货物船舶动态监控 3005 艘次、现场维护 551 艘次，成功举办了川江段首次船舶溢油应急演习。二是清洁能源扩大使用，加快推广 LNG 动力船，研究制订了《LNG 动力船通过三峡船闸的工作方案》；三是疏浚土综合利用有效推进，长江口全年累计吹填疏浚土 3407 万方，利用率 57.4%。四是实用型技术设备广泛推广应用，打造“互联网 + 航道信息服务”，优化完善长江电子航道图 App，用户下载量近 3 万人次；开发运行全国首款水上交通导航系统“船 E 行”，活跃用户达 1.6 万人；首创警示浮舟和抬缆警示浮，并纳入国标。同时坚持“生态优先、绿色发展”理念，严厉打击非法采砂、非法捕捞、非法排污、非法倾倒固体废物等破坏生态环境行为。五是长江航运数据中心等“云上长航”核心项目获部批立项；长江干线数字航道综合服务平台开工建设，无人测量船项目顺利通过部验收，无人机技术在海事立体监管和航道一体化测量中得到示范应用；制定印发了《长航局关于进一步加强长江航运科技创新工作的意见》《长江航运标准化发展规划》《长江航运标准化管理办法》；长江航运技术研发中心通过部评估。

此外，长江干线2018年安全形势稳中趋好，水上交通事故数量、死亡失踪人数、沉船数量、直接经济损失等四项指标较2017年全面下降，水上搜救责任区实现全覆盖，人命救助成功率达98.1%。

2. 长江经济带交通发展情况

（1）基础设施发展情况。

2018年，长江经济带地区铁路营业里程约3.9万公里，同比增长4.3%，其中设计时速250公里以上的高速铁路里程约9873.4公里，同比增长4.2%。长江经济带地区铁路线网密度达191.6公里/万平方公里，其中高速铁路网密度为48.4公里/万平方公里。公路通车里程约211.7万公里，同比增长1.7%，其中高速公路里程约5.6万公里，同比增长3.8%。长江经济带地区公路线网密度达10389公里/万平方公里，其中高速公路网密度达273.3公里/万平方公里。已建成民航运输机场86个，其中投入运营的86个，每万平方公里民航机场数达到0.42个。沿海规模以上码头泊位数为2366个，其中万吨级泊位为559个。内河航道通航里程约91074.5公里，其中三级及以上航道里程8801公里，同比分别增长2.2%和5.2%。此外，内河规模以上码头泊位9578个，同比减少30.2%，其中万吨级泊位为428个，同比增长2.1%。

2018年长江经济带地区交通基础设施基本情况见表4–21。

表 4-21　2018 年长江经济带地区交通基础设施基本情况

指　标	单位	2017 年	2018 年	同比增速
铁路营业里程	公里	37436	39044	4.3%
高速铁路里程	公里	9477.4	9873.4	4.2%
公路通车里程	公里	2081347	2117274	1.7%
高速公路里程	公里	53629	55691	3.8%
民航运输机场数（已建成的）	个	85	86	1.2%
已开通运营的民航运输机场数	个	85	86	1.2%
沿海主要规模以上港口码头泊位	个	2332	2366	1.5%
沿海万吨级泊位	个	546	559	2.4%
内河主要规模以上港口码头泊位	个	13722	9578*	-30.2%
内河万吨级泊位	个	419	428	2.1%
内河航道通航里程	公里	89082.9	91074.5	2.2%
等级航道里程	公里	39867.4	40964.1	2.8%
三级及以上航道里程	公里	8366	8801	5.2%

*2018 年江苏省清理合并了一批违规港口。

数据来源：2017 年相关数据来源于国家统计局，2018 年数据根据上海、江苏、浙江、安徽、江西、湖北、湖南、重庆、四川、云南、贵州 11 个省（直辖市）发展改革委提供数据汇总。

（2）客货运输量情况。

2018 年，长江经济带地区铁路客运量约 14.5 亿人次，同比增长 11.6%；铁路货运量约 5.3 亿吨，同比增长 2.3%。公路客运量约 67.9 亿人次，同比下降 10%；公路货运量约 169.4 亿吨，同比增加 9.3%。沿海规模以上港口货物吞吐量 16.7 亿吨，同比降低 27.3%，其中集装箱吞吐量为 7594 万 TEU，同比增长 5.4%。内河规模以上港口货物吞吐量 35.9 亿吨，同比降低 1.7%，其中集装箱吞吐量为 1946.5 万 TEU，同比增长 2.5%。民航机场旅客吞吐量约 5.5 亿人次，同比增长 15.1%；货邮吞吐量约 792.5 万吨，同比降低 8.3%。

2018 年长江经济带地区客货运量及吞吐量基本情况见表 4-22。

表 4-22　2018 年长江经济带地区客货运量及吞吐量基本情况

指　标	单位	2017 年	2018 年	同比增速
铁路客运量	万人次	129574	144549	11.6%
公路客运量	万人次	754896	679055.5	-10%
铁路货运量	万吨	51579	52742	2.3%
公路货运量	万吨	1549709	1693697	9.3%
沿海规模以上港口货物吞吐量	万吨	229714.6	166903	-27.3%
集装箱吞吐量	万 TEU	7202.3	7594	5.4%
内河规模以上港口货物吞吐量	万吨	365222.8	358818.7	-1.7%
集装箱吞吐量	万 TEU	1898.3	1946.5	2.5%
民航机场旅客吞吐量	万人次	47918.2	55135.6	15.1%
民航机场货邮吞吐量	万吨	864	792.5	-8.3%

数据来源：2017 年相关数据来源于国家统计局，2018 年数据根据上海、江苏、浙江、安徽、江西、湖北、湖南、重庆、四川、云南、贵州 11 个省（直辖市）发展改革委提供数据汇总。

（3）重大交通项目进展及若干典型项目基本情况。

2018 年，长江经济带省份铁路新开工项目 16 个，建成投产项目 17 个；高速公路新开工项目 53 个，建成投产项目 50 个；民航运输机场新开工项目 10 个，建成投产项目 8 个。

2018 年长江经济带重大交通项目基本情况及项目名称见表 4-23、表 4-24。

表 4-23　2018 年长江经济带重大交通项目基本情况

交通方式	新开工项目个数	建成投产项目个数
铁　路	16	17
高速公路	53	50
民航机场	10	8

数据来源：根据上海、江苏、浙江、安徽、江西、湖北、湖南、重庆、四川、云南、贵州 11 个省（直辖市）发展改革委提供数据汇总。

表 4–24　2018 年长江经济带铁路和民航机场领域重大交通项目名称

领　域	新开工项目	建成投产项目
铁　　路	盐通铁路、苏南沿江铁路、张吉怀铁路、昌景黄高铁、池州至黄山高铁关键工程、宣城至绩溪高铁关键工程、阳逻国际港集装箱铁水联运二期铁路专用线、成自宜高速铁路自宜段、盘州至兴义铁路	青连铁路、连盐铁路、宁启铁路二期、怀邵衡铁路、黄杭高铁、成蒲铁路、川藏铁路成雅段、铜仁至玉屏铁路
机　　场	连云港民用机场迁建工程；无锡硕放机场老航站楼改造工程、湘西民用机场，郴州北湖机场、荆州机场	虹桥机场 T1 航站楼改造及配套工程、扬州泰州机场扩建工程、淮安涟水机场二期扩建工程、盐城南洋机场航站区改扩建工程、岳阳三荷机场
高速公路	杭绍甬智慧高速公路、高淳至宣城高速公路江苏段、长沙至益阳高速公路扩容工程、萍乡至莲花高速公路项目	甬台温高速公路复线象山至乐清段、泰州至镇江高速公路镇江新区至丹阳段、武深高速嘉鱼北段

资料来源：根据上海、江苏、浙江、安徽、江西、湖北、湖南、重庆、四川、云南、贵州等 11 个省（直辖市）发展改革委提供的资料汇总。

（三）“一带一路”相关地区

1. 沿线互联互通重大交通项目基本情况

2018 年是“一带一路”倡议提出五周年，我国通过积极主动的外交不断推动“一带一路”倡议与相关国家的战略对接和政策沟通，“一带一路”倡议的国际关注度持续提高，合作范围和深度进一步拓展。在“一带一路”沿线地区，《中俄在俄罗斯远东地区合作发展规划（2018—2024 年）》《中巴经济走廊远景规划》颁布实施，“一带一路”与蒙古“发展之路”和越南“两廊一圈”战略对接积极推进；第四次中阿巴三方务实合作对话、中哈举行产能与投资合作第 15 次对话、中越双边合作指导委员会第 11 次会议、澜湄国家产能合作联合工作组第三次会议、中缅经济走廊联合委员会第一次会议、中泰贸易畅通工作组第一次会议等双多边会议顺利召开。与此同时，“一带一路”倡议受到越来越多的非沿线国家和国际机构关注，萨尔瓦多、多米尼加、斐济、格林纳达、智利、突尼斯等国相继与我国签署《“一带一路”合作谅解备忘录》；欧盟委员会发布《连接欧洲和亚洲——对欧盟战略的设想》，联合国与我国签署《关于开展“一带一路”空间信息走廊合作意向宣言》。特别值得一提的是，以《中－法第三方市场合作新一轮示范项目清单》《中国－比利时第三方市场合作谅解备忘录》的签署，以及英国议会跨党派“一带一路”和中巴经济走廊小组成立、中日第三方市场合作工作机制为标志，部分发达国家与我国在“一带一路”框架下的第三方市场合作迈出了积极步伐。

在对外工程项目投资方面，与2017年相比，虽然新签合同额有所降低，但完成营业额明显上升。2018年1—9月，我国企业在“一带一路”沿线国家和地区新签对外承包工程项目合同2916份，新签合同额达732.9亿美元，占同期我国对外承包工程新签合同额的47.4%，同比下降24.4%；完成营业额584.9亿美元，占同期总额的53.7%，同比增长18.4%，比2017年提高10.5个百分点。

在基础设施互联互通方面，六大经济走廊框架下的互联互通建设加快推进，一些关键性项目建设取得重大进展。中巴经济走廊方向，“一带一路”关键项目——全长2950公里，从中国乌鲁木齐市经中巴边境红其拉甫口岸，再到巴基斯坦拉瓦尔品第市的中巴首条陆地直达光缆建成开通；由中国企业承建的巴基斯坦拉合尔橙线轨道项目开始试运行；拉合尔直达喀什的中巴跨境大巴开通运行。在中蒙俄经济走廊方向，中俄首座跨界河铁路大桥中方段主体工程完成；中俄原油管道二线工程正式投入运营。在中国－中南半岛经济走廊方向，中老铁路重点工程跨湄公河特大桥主桥基础施工全面完成；境内段玉磨铁路元江特大桥再次提速，正式进入钢桁梁安装阶段。在孟中印缅经济走廊方向，中缅国际通道广（通）大（理）铁路全线铺通。此外，在海上丝绸之路方向，招商局港口控股有限公司完成收购巴西第二大集装箱港口巴拉那瓜港（TCP）和澳大利亚东岸最大港口纽卡斯尔港，我国海外港口布局由亚洲、非洲、欧洲及南北美洲扩展至大洋洲，实现了六大洲全覆盖。在国际陆海贸易新通道方面，兰渝铁路“复兴号”CR200J 动车组即将全线开通；钦州港—昆明班列继钦州港—重庆、钦州港—成都班列之后实现双向首发；广西最大的铁路物流中心南宁中心正式运营，钦州港东站集装箱办理站一期工程开工；广东湛江港 30 万吨级航道改扩建获批。

2. 中欧班列发展的基本情况

2018 年，我国铁路部门充分发挥中欧班列国际铁路合作机制和国内运输协调委员会的作用，落实中欧班列在境外宽轨段三列并两列、优惠运价等措施，不断提升班列运行品质。全年共开行中欧班列 6300 列，同比增长 72%，其中返程班列 2690 列，同比增长 111%。截至 2018 年，中欧班列累计开行数量达到 1.3 万列，国内开行城市达到 56 个，到达境外 15 个国家、49 个城市。

在班列组织优化方面，中国铁路总公司连续 6 次调整班列国内运行图，累计新增班列线 30 条，至 2018 年年底，中欧班列线路达到 101 条（含亚洲部分）；积极与哈铁、白铁、波铁沟通协调，组织专家分别赴布列斯特、格罗德诺、布鲁斯基、萨斯托凯、马拉舍维奇、谢米杨诺夫卡口岸进行口岸能力调查与运输协调，先后组织 9 列“三并二”运输，在宽轨段开行大编组列车，为班列降本提效不断创造条件；成都、重庆等成员单位主动开展经立陶宛、拉脱维亚、乌克兰跨海运输等新口岸新通道试运，分别组织了纽伦堡－谢米扬诺夫卡－成都、布鲁斯基－加里宁格勒杜伊斯堡等的班列试运。

在国际协调工作深化方面，中国铁路总公司牵头组织白俄罗斯、德国、哈萨克斯坦、蒙古、波兰、俄罗斯等七国铁路进一步深化中欧班列合作，成立了运输组织和营销、信息协作 2 个工作组，组织召开了 3 次工作组会议、4 次专家组会议，分别就开展宽轨集并、计划商定、信息协作、全程运行图和通道能力建设等方面深入推进合作；吸收立陶宛、拉脱维亚和奥地利铁路为观察员，进一步扩大国际合作范围；中铁集装箱公司承办了第 26 次 CCTT（跨西伯利亚运输协调委员会）全体会议，各地方平台公司也积极与国际同行开展交流合作，初步形成了多层次、多形式、多渠道的中欧班列国际协调格局。

在班列服务品质提升方面，一是班列数字化水平得到进一步提升。铁路总公司于 2018 年 4 月实施了货运票据电子化，实现了中俄国联运单信息交换，由中铁集装箱公司建立的国际联运单证管理信息系统于 2018 年 7 月正式上线使用，4800 只中欧班列箱定位芯片年底前全部安装完毕。二是铁路箱使用更加便捷。中铁集装箱公司在境外 16 个国家设立 66 个铁路箱还箱点，为客户提供还箱、用箱服务和回程用箱补贴。铁龙公司为中欧班列投入 212 只 40 英尺和 45 英尺铁路冷藏集装箱，装运蔬菜、水果、食品和电子产品冷至德国、波兰、俄罗斯等国家，为班列冷链运输提供了装备保障。三是铁路保险深受欢迎。2018 年 1—11 月，铁路自保公司承保中欧班列全程运输货物险 220 单，较上年增长 280%，投放使用电子施封锁 2.75 万只，办理理赔支付 12 起。四是客户服务更为完善。每天召开 1 次班列电话会议、进行 2 次运踪信息通报、24 小时突发应急情况处置等机制，时刻为班列运输安全、稳定、高效保驾护航。

此外，2018 年 12 月中欧班列运输协调委员会召开了第三次全体会议。全会审议通过了《中欧班列运输协调委员会成员管理办法》《中欧班列高质量发展评价指标》《中欧班列宽轨集并运输组织暂行办法》《中欧班列运力保障和开行计划管理办法》等文件，并围绕高质量发展目标确定了 2019 年的五项重点工作。其中，通过《中欧班列高质量发展评价指标》建立了中欧班列运行质量和效益的评价体系，中欧班列客服中心每月对重箱率、回程比率、发送量、计划兑现率和运输安全等指标评价进行公布，并纳入《中欧班列运力保障和开行计划管理办法》等办法进行考核。

（四）粤港澳大湾区

粤港澳大湾区（Guangdong–Hong Kong–Macao Greater Bay Area，GBA），是由香港、澳门两个特别行政区和广东省广州、深圳、珠海、佛山、惠州、东莞、中山、江门、肇庆（珠三角）9 个地市组成，总面积 5.6 万平方公里，是中国开放程度最高、经济活力最强的区域之一，在国家发展大局中具有重要战略地位。

1. 粤港澳大湾区交通一体化主要进展概述

2018 年是粤港澳大湾区顶层设计集中酝酿的一年，交通基础设施作为先行领域加快建设步伐。在公路交通方面，2018 年珠三角地区高速公路里程达到 4361 公里，密度达到 7.96 公里 / 百平方公里。基本形成了以珠三角核心区为中心向外辐射、以高速公路为骨架的干线公路网络。在轨道交通方面，大湾区基本形成了以广州为核心，纵贯南北、沟通东西两岸的城际铁路主骨架网络。在港口航运方面，珠三角地区内河航道通航总里程达 6602 公里，其中内河高等级（三级以上）航道 1187 公里；港口码头泊位 1827 个，其中万吨级泊位

234 个，集装箱货物吞吐量 6167 万 TEU；珠三角地区港口与国外港口结为友好港口 73 对，共开通国际集装箱班轮航线 305 条，国际航线基本覆盖全球大部分国家。在民航方面，大湾区 2018 年民航旅客吞吐量达 2.15 亿人次，位居全球湾区之首。在运输服务方面，截至 2018 年年底，珠三角口岸与香港国际机场的“海空联运”水路客运快线，开创了往来港澳的便捷通道，粤港跨境甩挂运输试点稳步推进，广东省公交一卡通（“岭南通”）实现与香港、澳门互联互通。

广东省作为粤港澳大湾区核心地区，2018 年全省公路水路交通建设完成投资 1586 亿元，截至 2018 年年底，全省公路通车里程 21.77 万公里，高速公路通车里程 9002 公里，连续 5 年位居全国第一；内河航道通航里程 1.21 万公里，居全国第二，其中高等级内河航道 1277 公里；万吨级以上深水泊位 310 个，亿吨级大港 5 个；沿海主要港口开通国际航线 378 条，通达全球 100 多个国家和地区的 200 多个港口；完成公路水路客运量 10.8 亿人次、货运量 40.7 亿吨，港口货物吞吐量 21 亿吨，珠三角港口集装箱吞吐量超 6400 万标箱。

未来，粤港澳大湾区交通运输发展将总体围绕“一条主线”，实现“两个提升”，努力建设“三区”，即：坚持以深化供给侧结构性改革为主线，提升大湾区交通运输服务能力、品质和效率，提升大湾区在全球交通网络中的枢纽地位和辐射地位，努力把大湾区打造成为交通强国建设示范区、交通运输改革创新的试验区和交通运输转型升级的先行区。

2. 粤港澳大湾区重大项目基本情况

2018 年 9 月 23 日，广深港高速铁路香港段开通运营，并实施“一地两检”，可在香港西九龙站内一次性完成出入境手续。自此香港段高铁将接入内地高铁路网，中国内地上海、石家庄、郑州、武汉、长沙、杭州、南昌、福州、厦门、汕头、贵阳、桂林、昆明等城市共 44 座车站与香港西九龙站间开行高速列车。其中，福田站至香港西九龙站最快行车时间 14 分钟，广州南站至香港西九龙站最快行车时间 47 分钟，北京西站至香港西九龙站最快行车时间 8 小时 58 分。广深港高铁的开通运营使得香港与珠三角地区的城际网以及全国的高铁运输网连在一起，大大缩短了香港与珠三角各地区，以及与北京、上海等全国经济中心及其他区域的时空距离，促进了粤港澳大湾区“1 小时轨道交通圈”的形成。

2018 年 10 月 24 日，港珠澳大桥建成通车，实现了珠海、澳门与香港的陆路连接，极大地提升了粤港澳大湾区的互联互通水平。珠海、澳门开车到香港，从 3 个小时大幅缩短到 45 分钟，真正实现了粤港澳大湾区 1 小时生活圈，大大增加了香港经济腹地的深度和广度，促进了粤港澳大湾区同城化和一体化的进程。港珠澳大桥的建成通车，对提升珠江三角洲地区的综合竞争力、保持港澳的长期繁荣稳定、打造粤港澳大湾区具有非常重要的战略意义，不仅赋予中国在国际上更大竞争力，也为“一带一路”倡议注入新的动力。

2018 年，深中通道建设全面铺开，岛隧工程、桥梁工程、设计工作方面有序推进。项目全线计划于 2024 年建成通车。通车后，珠江东西两岸一桥直通，深圳至中山行车时间压缩到半个小时。深中通道的贯通，除在时空距离上拉近珠三角及粤东、粤西之外，对于推进珠三角东西两岸产业互联互通以及各类要素的高效配置，加快广东自由贸易试验区发展，推动粤港澳大湾区城市群联动发展，具有重要的战略意义。

此外，深茂铁路江门至茂名段已在 2018 年 7 月 1 日全线运营。

此后，从广州坐火车去茂名的乘车时间将由原来的5小时以上，缩短至2.5小时左右；穗莞深城际与珠海－机场城轨预计2019年建成通车。穗莞深城际作为连接广州、深圳、东莞的主要交通线之一，全程60分钟左右；珠海珠机城轨通车后，从拱北到珠海机场只要半个小时，同时，将与广佛江珠城际铁路网衔接，在横琴站与澳门轻轨无缝换乘，将珠海与广州、佛山、澳门城际铁路连成一体。虎门二桥开工建设，广州至中山、广州至深圳的地铁也提上了日程。以上重要交通项目的建成运营，将大大加快珠三角城际铁路网构建，有力推动粤港澳大湾区轨道交通高质量发展，也将进一步完善大湾区的现代化交通运输体系，更有利于城市群的设施融通、创新融合、开放融入，形成宜居宜业宜游的发展优势。

（五）长三角区域

长三角区域是“一带一路”与长江经济带的重要交汇地带，是长江经济带的引领发展区和我国城镇化基础最好的地区之一，也是我国参与国际竞争的重要平台及经济社会发展的重要引擎，在我国现代化建设大局和全方位开放格局中具有举足轻重的战略地位。它主要包括上海、江苏、浙江及安徽“三省一市”，国土面积35.9万平方公里，占全国国土总面积的3.73%。2018年长三角区域总人口为22535.08万人，占全国总人口的16.15%；GDP总量为211479.1亿元，占全国GDP总量的23.49%。

1. 区域交通互联互通基本情况

2018年，随着《长三角地区打通省际断头路合作框架协议》《长三角地区治理货物运输车辆超限超载合作协议》《关于协同推进长三角港航一体化发展六大行动方案》等合作文件的签订，为长三角地区打通断头路、联合执法等具体工作开展起到促进作用。三省一市交通运输主管部门确认了第一批 17 个消除省际“断头路”项目，其中连接上海市金山区与浙江省嘉兴市的叶新公路（朱枫公路—浙江省界）新建工程建设项目在 2018 年 11 月 11 日正式开工。消除省际“断头路”项目为进一步打破行政区划带来的交通阻隔、增强省际路网可达性提供保障。此外，在 2018 年 11 月 24 日召开的长三角综合交通发展大会上，三省一市交通主管部门联合发出倡议，提出共同深化长三角综合交通规划有机衔接、加快基础设施互联互通、推动管理服务高效协同。

作为长三角地区的核心城市，截至 2018 年年底，上海市与长三角地区其他城市的省际断头路通车 1 条、开工 8 条，省界治超站联合执法行动 6 次，新增青浦和昆山、青浦与嘉善的毗邻公交线路。在铁路运输方面，上海与长三角地区其他城市铁路日均旅客到发量 42 万人次，同比增长 6%，占上海铁路旅客到发总量的 70%，较上年提高约 2 个百分点。上海市联系江苏昆山和上海的 11 号线花桥段工作日进出站客流突破 6 万乘次，轨道系统内平均乘距为 37.7 公里，显示出明显的都市圈通勤特征。同时，上海虹桥枢纽客流集散压力日益加大，日均客流 113.6 万人次。上海市 49 万人次对外交通客流中，铁路、航空和长途汽车的客流分别为 36 万、13 万和 1 万人次，枢纽城市交通客流为 65 万人次。

在城市公共交通方面，2018 年 12 月 1 日起，基于全球首创的地铁异地扫码技术——上海、杭州、宁波三地地铁二维码乘车正式启动互联互通，覆盖了 526 座轨交车站、1 万余台闸机。而未来两年，“互联互通”有望覆盖长三角所有开通地铁的城市。

在港航一体化方面，交通运输部与上海、江苏、浙江及安徽省政府在2018年12月联合印发了《关于协同推进长三角港航一体化发展六大行动方案》，明确了内河航道网络化、区域港口一体化、运输船舶标准化、绿色航运协同发展、信息资源共享化、航运中心建设联动化等六大行动的13项主要任务。协同推进港航一体化发展、绿色发展、率先发展，完善上海国际航运中心“一体两翼”格局，推动形成上海国际航运中心、舟山江海联运服务中心和南京长江区域性航运物流中心联动发展格局，发挥示范引领作用，更好服务交通强国建设和长江经济带发展。

2. 轨道交通一体化建设项目情况

自2018年6月国家发展改革委重启城市轨道交通项目批复以来，已陆续批复长三角地区内苏州、杭州、上海三座城市的轨道交通规划和调整规划，其中“破壁”城市区域空间的规划在增多，意味着长三角地区轨道交通一体化正在提速。

2018年12月25日，杭黄高铁正式开通运营。杭黄高铁是杭昌高速铁路的重要组成部分，开通后，从杭州到黄山只需要1.5个小时，上海、宁波到黄山也仅需2个小时。杭黄高铁的开通使得原本交通较为闭塞的皖南地区快速融入苏浙沪的“1小时交通圈”，进一步完善浙皖两省和我国东部地区高铁路网结构，极大便利沿线群众出行，对促进沿线旅游资源开发、增强长三角地区辐射带动作用、推动区域经济协调发展及长三角一体化具有重要意义。在建项目方面，江苏南沿江城际铁路开工建设，盐通铁路建设持续推进。江苏南沿江城际铁路途径长三角地区城市最为密集、城乡一体化程度最高、经济社会发展基础最好的地区之一，也是沪宁通道的第二条城际线路，未来将发挥沪宁通道的辅助客运通道功能，主要承担沿线通道内和沿线与沪宁主轴城市间的城际客流，以及浦东地区与南京、镇江间的城际客流，是长三角地区综合立体交通走廊重要的组成部分，与京沪高铁、沪宁城际铁路、北沿江高铁共同构成长三角地区向西辐射的大能力客运通道。盐通铁路是国家“八纵八横”高铁网中沿海铁路重要部分，建成通车后，不仅打通苏北地区至上海的快速通道，从南通到盐城，时间将缩短到半小时以内，盐城至上海也将从目前的 3.5 至 4 小时缩短为 1 至 1.5 小时，同时还能使苏北及周边地区快速连上浙江、广东以及山东等地。盐通铁路的建成将进一步增强盐城作为苏北高铁枢纽的功能，对促进苏北地区融入长三角一体化发展具有重要的意义。

此外，自 2018 年 6 月以来，上海、杭州及苏州三个城市的城市轨道交通调整规划得到批复。其中，上海三期规划包括 6 个地铁项目以及 3 个市域轨道项目；杭州则调整增加了 3 号线、5 号线的投资额度，并新增了一条机场轨道快线项目；苏州则同意建设 6 号线、7 号线、8 号线及 S1 线等 4 个项目，S1 线还是苏州首条与上海轨道交通线网对接的线路。长三角主要城市轨道交通规划的落地，说明在推进长三角交通一体化方面，不仅城际间轨道交通要加快升级、互联互通，城市内部间轨道交通线路也应加强联通，同时做好城市内部及城际交通间的衔接工作，以此促进长三角交通一体化的快速发展。

3. 长三角地区交通发展情况

（1）基础设施发展情况。

2018 年，长三角地区铁路营业里程约 10665.6 公里，同比增长 3.7%，其中设计时速 250 公里以上的高速铁路里程达 3944.4 公里，较上年增长 9.8%。长三角地区铁路线网密度达 297.09 公里 / 万平方公里，其中高速铁路网密度为 109.87 公里 / 万平方公里。长三角地区公路通车里程约 50.13 万公里，同比增长 1.3%，其中高速公路达 14804 公里，同比增长 3.2%。长三角地区公路线网密度达 13964.44 公里 / 万平方公里，其中高速公路网密度为 412.37 公里 / 万平方公里。长三角地区已建成的民航运输机场达 23 个，均已投入运营，机场密度达 0.64 个 / 万平方公里。沿海规模以上码头泊位 2366 个，同比增长 1.5%。

2018 年长三角地区交通基础设施基本情况见表 4–25。

表 4–25　　2018 年长三角地区交通基础设施基本情况

指　标	单位	2017 年	2018 年	同比增速
铁路营业里程	公里	10282.1	10665.6	3.7%
高速铁路里程（设计时速 250 公里及以上）	公里	3591.4	3944.4	9.8%
公路通车里程	公里	494898	501323.4	1.3%
高速公路里程	公里	14344	14804	3.2%
民航运输机场数（已建成的）	个	23	23	0.0%
已开通运营的民航运输机场数	个	23	23	0.0%
沿海主要规模以上港口码头泊位	个	2332	2366	1.5%
沿海万吨级泊位	个	546	559	2.4%

数据来源：2017 年数据来源于国家统计局，2018 年数据根据上海、江苏、浙江、安徽 4 个省（直辖市）发展改革委提供数据及相关行业数据汇总。

（2）客货运输量情况。

2018 年，长三角地区铁路客运量为 6.77 亿人次，同比增长 10.58%；公路客运量为 22.3 亿人次，同比减少 9.22%。铁路货运量为 1.9 亿吨，同比减少 1.96%；公路货运量为 62.92 亿吨，同比增长 5.07%。沿海规模以上港口货物吞吐量和集装箱吞吐量同比分别增长 4.45% 和 5.44%。民航机场旅客吞吐量为 2.48 亿人次，同比增长 10.17%；货邮吞吐量达 569.2 万吨，同比增长 0.37%。

2018 年长三角地区客货运量及吞吐量基本情况见表 4–26。

表 4–26 2018 年长三角地区客货运量及吞吐量基本情况

指 标	单位	2017 年	2018 年	同比增速
铁路客运量	万人次	61201	67678	10.58%
公路客运量	万人次	245605	222958	–9.22%
铁路货运量	万吨	19429	19049	–1.96%
公路货运量	万吨	598845	629196	5.07%
沿海规模以上港口货物吞吐量	万吨	229714.6	239950.9	4.45%
集装箱吞吐量	万 TEU	7202.3	7594	5.44%
民航机场旅客吞吐量	万人次	22535.2	24826.8	10.17%
民航机场货邮吞吐量	万吨	567.1	569.2	0.37%

数据来源：2017 年数据来源于国家统计局，2018 年数据根据上海、江苏、浙江、安徽 4 个省（直辖市）发展改革委提供数据及相关行业数据汇总。

（3）重大交通项目进展情况。

2018 年，长三角地区铁路新开工项目 6 个，建成投产项目 6 个；高速公路新开工项目 15 个，建成投产项目 14 个；民航运输机场新建项目 7 个，建成投产项目 6 个；港口新开工项目 22 个，建成投产项目 17 个。

2018 年长三角地区重大交通项目基本情况及项目名称见表 4–27、表 4–28。

表 4–27 2018 年长三角地区重大交通项目基本情况

交通方式	新开工项目个数	建成投产项目个数
铁 路	6	6
高速公路	15	14
民航机场	7	6
港 口	22	17

数据来源：根据上海、江苏、浙江、安徽 4 个省（直辖市）发展改革委提供数据汇总。

表 4–28 2018 年长三角地区铁路、高速公路和民航机场重大交通项目名称

领　域	新开工项目	建成投产项目
铁　　路	盐通铁路、苏南沿江铁路、昌景黄高铁、池州至黄山高铁关键工程、宣城至绩溪高铁关键工程	青连铁路、连盐铁路、宁启铁路二期、黄杭高铁
高速公路	杭绍甬智慧高速公路、高淳至宣城高速公路江苏段	甬台温高速公路复线象山至乐清段、泰州至镇江高速公路镇江新区至丹阳段
机　　场	连云港民用机场迁建工程、无锡硕放机场老航站楼改造工程	虹桥机场 T1 航站楼改造及配套工程、扬州泰州机场扩建工程、淮安涟水机场二期扩建工程、盐城南洋机场航站区改扩建工程

资料来源：根据上海、江苏、浙江、安徽 4 个省（直辖市）发展改革委提供资料汇总。

三、述评：交通有力促进区域协同协调发展

（一）铁路及民航发展的区域分布呈现新特点

2018 年，新增高速铁路设施有半数以上集中在东北地区，这是东北地区首次实现新增设施比重领先于其他地区。其主要原因是东北地区过去几年来实施的一批高铁建设项目在该年度集中实现投产运营，而其他地区特别是东部地区前些年的高铁建设较快，新建项目尚未投产。高速铁路设施的投运，将进一步加快东北地区内部及其与其他地区间的经济联系，有助于推动东北振兴发展。但同时需要注意的是，由于长期以来东北地区人口处于净流出状态，这些项目在运营层面仍面临较多挑战，需要较长的培育期。新增民航机场通航城市有 2/3 集中在西部地区，而东北和东部地区没有新增机场。此外，2018 年，在经济企稳和货运“公转铁”等因素作用下，铁路

货运实现快速增长，而铁路货运增速最为显著的地区是西部地区，年增长速度达到22.4%，超过全国平均水平。

（二）区域交通发展更加着力协同化和精准化

2018年，在京津冀协同发展、长江经济带发展、“一带一路”建设等三大战略加快实施的同时，雄安新区、粤港澳大湾区、海南自贸区等区域发展战略也先后进入规划和实施阶段。围绕区域发展战略作用单元的精准化和强调区域协同的发展趋势，区域交通发展也更加着力于在规划、建设、运营及管理方面加强精准化协同。比如，京津冀交通一体化发展中，除了进一步加强了三地之间在项目实施和运输服务方面的一体化，还特别注重与通州副中心建设、雄安新区规划、冬奥会配套项目建设间进行细致的规划对接和项目对接，并在此基础上，围绕运输服务的衔接扩展、智能化管理等方面，深入推进相关工作。

（三）“一带一路”设施联通基础进一步夯实

2018年是“一带一路”倡议提出5周年，共建“一带一路”经过夯基垒台、立柱架梁的5年，正在向落地生根、持久发展的阶段迈进。通过硬件设施的建设、运输服务的提升以及相关规则标准的完善，“一带一路”沿线的陆海空综合立体交通网络的联通程度和运转效率得到进一步加强。一是重大基础设施项目取得较大进展。比如，雅万高铁、中老铁路、亚吉铁路、匈塞铁路等项目建成或顺利推进；我国参与建设经营的港口拓展至34个国家42个港口。二是国际运输服务能力得到大幅提升。比如，中欧班列累计开行超过1万列，通达境外 14 个国家 49 个城市；海运航线通达 200 多个国家 600 多个主要港口，海运互联互通指数保持全球第一；我国与 96 个共建“一带一路”国家签订了双边航空运输协定，与其中的 51 个国家实现了直航，我国航空公司共开通 40 个“一带一路”合作国家的 467 条国际定期航线，每周航班数量超过 3500 班。三是相关国际规则和标准得到进一步完善。比如，通过协调亚欧两大国际铁路组织、建立跨国海关国际协调机制等举措，中欧班列在“安智贸的铁路运输应用”“铁路运单提单化”等运输、关检、贸易及金融规则等领域进行了积极探索，对补充完善国际铁路联运规则体系发挥了重要作用。

（四）长江黄金水道加快扩容提质步伐

一是服务能力进一步提升，通过加强航道疏浚、拓展下游深水航道、提升中游枯水期维护水深、改善上游过坝能力和效率、加快万吨级泊位建设等措施，使长江黄金水道的通航能力和码头作业能力进一步提升，全年货运量同比增长 7.6%。二是坚持绿色发展理念，加强危险品航运管理，大力推行船型标准化，进一步淘汰老旧船型，加快推广 LNG 动力船，严厉打击非法采砂、非法捕捞、非法排污、非法倾倒固体废物等破坏生态环境行为。三是大力促进航运智慧发展，打造“互联网 + 航道信息服务”，优化完善长江电子航道图 App，开发运行全国首款水上交通导航系统“船 E 行”，开工建设长江干线数字航道综合服务平台，无人机技术在海事立体监管和航道一体化测量中得到示范应用。此外，长江三峡水运新通道、葛洲坝航运扩能工程、沿江重载铁路、重庆至上海时速 350 公里高铁通道等旨在改善沿江通道运输能力的项目，均已密集开展前期研究工作。

Chapter 05

第五章

发展展望

2019 年是新中国成立 70 周年，是决胜全面建成小康社会的关键之年。2019 年交通运输发展要以习近平新时代中国特色社会主义思想为指导，全面贯彻党的十九大和十九届二中、三中全会精神，落实中央经济工作会议精神，坚持稳中求进工作总基调，按照高质量发展要求，紧紧抓住重要战略机遇期，加快推进现代综合交通运输体系建设，着力推进交通扶贫攻坚，着力推进交通供给侧结构性改革，着力强化交通区域战略支撑，着力优化运输结构，着力推进国际互联互通和产业合作，着力完善交通运输规划体系，为服务全面建成小康社会收官打下坚实基础，为推动交通强国建设开好局。

一、继续发挥交通投资稳增长作用，深化交通供给侧结构性改革

当前，外部环境复杂严峻，我国经济面临下行压力。在此背景下，加大交通投资力度成为逆周期调控的关键点。贯彻中央经济工作会议“促进形成强大国内市场”要求，加大城际交通、物流等基础设施等投资力度，补齐农村基础设施建设短板，有望发挥交通投资关键作用。但是，“稳投资”并非“大水漫灌”。实际上，随着我国综合交通网日益完善，新增综合运输通道建设投资将会逐步减少，投资规模增量潜力有限。因此，按照“巩固、增强、提升、畅通”八字方针，推进交通运输供给侧结构性改革，交通投资重点将由通道建设投资逐步向完善交通网、提升枢纽功能投资并重转变，投资将向“短板领域”、脱贫攻坚以及运行效率和服务提升等领域倾斜。要实施好“十三五”现代综合交通运输体系发展规划以及中长期铁路网、公路网等规划既定任务，落实好《关于加大交通基础设施补短板力度的工作方案（2018—2020 年）》提出的重大工程。

结合交通运输部、中国铁路集团等工作安排，考虑部分重大工程、重大项目建设需求，预计 2019 年交通建设投资不会出现大幅度波动，继续保持在高位运行。从调研来看，许多地方的交通投资建设热情较高，其中浙江省、四川省、江苏省、广东省、贵州省、广西壮族自治区、河南省、云南省、山东省等 9 个省份预期投资规模超过千亿元，预计 2019 年全国交通建设投资规模约 3.2 万亿元。2019 年，铁路计划新开通项目 22 项，投产新线 6800 公里（其中高速铁路 3200 公里）；新改建农村公路 20 万公里；新增内河高等级航

道达标里程 400 公里。

二、发挥交通支撑先导作用，率先打赢交通扶贫攻坚战

打赢脱贫攻坚战、全面建成小康社会是我们党提出的第一个百年奋斗目标，意义重大、使命光荣。交通运输作为国民经济发展的基础性、先导性行业，应提前完成交通脱贫攻坚建设目标，为全面建成小康社会收官打下坚实基础。要加大革命老区、少数民族地区、边疆地区、民族地区等贫困地区，特别是“三区三州”等深度贫困地区交通扶贫脱贫攻坚力度，加强国家铁路、高等级公路等对外骨干通道建设，强化贫困地区主要节点之间的互联互通，加快剩余乡镇、建制村通硬化路，提升农村地区公共服务水平，逐步推进城乡公共服务一体化。按照乡村振兴战略实施要求，结合乡村布局调整及当地资源禀赋条件，推进资源路、旅游路和产业路建设，增强贫困地区“造血”能力。

三、重点区域交通运输加快升级，强化对国家战略的支撑

在“四大板块”“三大战略”的基础上，长江三角洲地区一体化、粤港澳大湾区等新国家区域发展战略加快实施，我国区域发展总体格局将加快优化完善，要求推进区域综合交通运输体系加快转型升级、提质增效，通过形成交通区位、物流成本等优势，围绕现代产业链和供应链的发展要求，推进经济要素空间组织优化。一是雄安

新区建设与京津冀协同发展的叠加，将要求京津冀交通一体化在规划建设阶段，围绕雄安新区发展要素进行进一步的深度衔接，以满足相关产业和人口疏解及承接的要求。二是长三角一体化发展与长江经济带的叠加，将要求长三角地区围绕打造世界级城市群的要求，进一步加强交通一体化的规划建设，强化城际交通联系以及都市圈其他轨道交通的发展。三是"一带一路"建设与西部陆海新通道发展的叠加，将要求西南片区和西北片区加强协调联动，增强陆海双向开放能力，支撑对外经贸发展。

四、运输结构持续优化，进入结构调整关键期

虽然我国经济发展仍面临下行风险，使得客货运输需求增长存在稳定压力，但是我国市场规模大，需求潜力大，运输量仍将保持一定增长速度，但运输结构调整将会加快。

客运方面。考虑到高铁、民航替代公路边际效应递减以及公路在短途客运和联程联运"最后一公里"等方面具有比较优势，预计公路营业性客运量降幅进一步收窄，总体结构进一步稳定。从优化调整的方向看，随着铁路"复兴号"品牌战略、民航提升质量、小汽车消费等政策的实施，高铁、民航、小汽车等高品质、多元化、个性化出行方式在一段时间内仍将保持较高速度增长。预计 2019 年，高铁、民航、高速公路 7 座及以下小客车出行增速均将维持在 10% 左右；铁路动车出行占比仍将超过 60%。

货运方面。2019 年是实施《推进运输结构调整三年行动计划（2018—2020 年）》的关键年。聚焦京津冀及周边、长三角等重点区域、港口等重要枢纽节点，推进大宗货物中长途运输"公转铁""公转水"，

开展多式联运示范试点，将成为全年调结构的重要方向。此外，以国家物流枢纽为牵引，推进枢纽间铁路、航运、航空等干线运输及枢纽本身区域分拨和城市配送发展，建设“枢纽 + 通道 + 网络”的现代物流体系，也为运输结构调整带来新契机。实际上，通过现代物流、供应链等生产性服务业的新动能培育，加快嵌入制造业，推动先进制造业和现代服务业深度融合，将有助于提升我国制造业整体竞争力和产品辐射能级，促进延伸产业链、创造价值链、打造产业集群，建设制造强国。

五、软硬设施协同互促，深化交通运输参与国际分工合作

自“一带一路”倡议提出以来，我国加快在沿线国家和地区推进铁路、公路、港口、民航、管道等交通设施互联互通，促进了全球一体联通。2019 年，适应中央经济工作会议提出的“适应新形势、把握新特点，推动由商品和要素流动型开放向规则等制度型开放转变”要求，交通运输对外开放将进入设施联通与服务创新并重发展的下半场。

2019 年，在保持健康良性发展的基础上，推动共建“一带一路”将围绕向高质量发展转变的基本要求，进一步深化务实合作，提高发展质量。2019 年，第二届“一带一路”高峰论坛将在北京召开，此次峰会将有助于进一步扩大和深化各国对“一带一路”建设的共识，进一步明确推进务实合作的重点，进一步完善相关合作实施的机制。在设施联通方面，一是顶层设计将进一步完善，特别是通过相关体制机制的完善，使硬联通和软联通更加相得益彰，将设施联通与“五通”的其他方面进行更好的联动与融合，提升风险应对处

置能力和整体效益；二是国内各地方参与“一带一路”建设，将更加注重契合国家战略要求和区域经济发展特色，更加注重结合综合交通体系建设和国际供应链、产业生态圈的营造，更加注重区域间的协同以及政府与市场关系的协调，以一个个典型项目为抓手，务实推进相关工作；三是典型项目的示范作用，将进一步带动相关国家参与共建，并通过加强与发达国家的第三方市场合作中积累经验，提升项目质量和效益；四是参与项目实施的各类主体，将进一步大力开展机制创新、技术创新、模式创新，在遵守和对接既有国际规则的基础上，为优化相关规则提供中国方案。

六、持续深化改革，完善交通运输规划政策体系

党的十九大以来，社会主义现代化强国建设顶层设计已经建立，交通运输领域也将持续深化改革，形成完善交通运输规划政策体系。一是铁路等重点领域深化改革将会持续推进。以满足市场需求的服务创新为牵引，引导铁路客货运输改革，推进中国铁路总公司股份制改造。二是在经济下行压力背景下，平衡“防风险”和“稳投资”关系，加大投融资改革力度，鼓励和支持通过多种融资渠道筹措交通建设资金，增强对社会资本吸引力，确保交通设施建设任务顺利完成。三是按照国家规划体系要求，以发展规划为顶层，以空间规划为基础，完善综合交通运输体系中长期规划，修编各专项中长期规划。结合国家战略实施，按照高质量发展要求，完善修编京津冀、长江经济带等重大区域战略交通规划，研究编制长江三角洲地区、粤港澳大湾区等区域交通发展规划，开展重要城市群的综合交通规划修改工作。进一步完善中央和地方、综合与专业、整体与区域相统筹的综合交通运输规划体系。

CHINA
TRANSPORTATION
DEVELOPMENT REPORT

2019

附　录

附录一
主要统计数据

一、我国经济社会发展主要指标

附表 1–1　　国民经济和社会发展部分指标

指　标	2000 年	2005 年	2010 年	2015 年	2016 年	2017 年	2018 年
国内生产总值（亿元）	100280	187319	413030	685506	743586	827122	900309
国内生产总值增速（%）	8.5	11.4	10.5	6.9	6.7	6.9	6.6
全社会固定资产投资（亿元）	32918	88774	278122	562000	606466	641238	645675
人口数量（万人）	126743	130756	134091	137462	138271	139008	139538

数据来源：2017 年及以前数据来自《中国统计年鉴》，2018 年数据来自《中华人民共和国 2018 年国民经济和社会发展统计公报》。

附表 1–2　　三次产业增加值占国内生产总值比重

单位：%

指　标	2000 年	2005 年	2010 年	2015 年	2016 年	2017 年	2018 年
第一产业	14.7	11.6	9.5	8.9	8.6	7.9	7.2
第二产业	45.5	47.0	46.4	40.9	39.8	40.5	40.7
第三产业	39.8	41.3	44.1	50.2	51.6	51.6	52.2

数据来源：2017 年及以前数据来自《中国统计年鉴》，2018 年数据来自《中华人民共和国 2018 年国民经济和社会发展统计公报》。

附表 1-3　　　　　　城乡居民家庭人均收入

单位：元

指　标	2000 年	2005 年	2010 年	2015 年	2016 年	2017 年	2018 年
全国居民	—	—	—	21966	23821	25974	28228
城　　镇	6280	10493	19109	31195	33616	36396	39251
农　　村	2253	3255	5919	11422	12363	13432	14617

注：2000 年、2005 年、2010 年农村居民人均收入数据采用农村居民家庭人均纯收入，2015 年及以后数据为农村居民家庭人均可支配收入。

数据来源：2017 年及以前数据来自《中国统计年鉴》，2018 年数据来自《中华人民共和国 2018 年国民经济和社会发展统计公报》。

二、基础设施指标

附表 1-4　　　　　我国综合交通基础设施线路里程

单位：万公里

指　标	2000 年	2005 年	2010 年	2015 年	2016 年	2017 年	2018 年
综合交通网总里程	159.03	212.92	422.34	482.53	494.73	502.75	510.46
铁路营业里程	6.9	7.5	9.1	12.1	12.4	12.7	13.1
铁路复线里程	2.5	2.6	3.7	6.4	6.8	7.2	7.6
铁路电气化里程	1.7	2.0	4.2	7.4	8.0	8.7	9.2
高速铁路里程	—	—	0.5	1.9	2.3	2.5	2.9
公路里程	140.27	193.05	400.82	457.73	469.63	477.35	484.65
等级公路里程	121.61	159.18	330.47	404.63	422.65	433.86	446.59
二级及以上公路里程	18.91	32.58	44.73	57.49	60.12	62.22	64.78
高速公路里程	1.63	4.10	7.41	12.35	13.10	13.64	14.26
内河航道里程	11.9	12.3	12.4	12.7	12.7	12.7	12.7
内河等级航道里程	6.14	6.10	6.23	6.63	6.64	6.62	6.64
内河三级及以上航道里程	0.83	0.86	0.93	1.15	1.21	1.25	1.35

注：本表数据不含管道里程。

数据来源：历年交通运输行业发展统计公报和铁道统计公报。

附表 1–5　我国港口泊位及机场数量

单位：个

指　标	2000 年	2005 年	2010 年	2015 年	2016 年	2017 年	2018 年
全国港口拥有生产用码头泊位	32858	35242	31634	31259	30388	27578	23919
沿　海	3700	4298	5453	5899	5887	5830	5734
内　河	29158	30944	26181	25360	24501	21748	18185
全国港口万吨级及以上泊位	784	1034	1661	2221	2317	2366	2444
沿　海	651	847	1343	1807	1894	1948	2007
内　河	133	187	318	414	423	418	437
民用航空（颁证）机场	139	142	175	210	218	229	235

数据来源：历年交通运输行业发展统计公报和民航机场生产统计公报。

三、交通投资完成情况

附表 1–6　我国交通固定资产投资数额

单位：亿元

指　标	2000 年	2005 年	2010 年	2015 年	2016 年	2017 年	2018 年
合　计	3456	8021	22286	27428	28684	32019	32235
铁路	805	1364	8427	8238	8015	8010	8028
公路	2316	5485	11482	16513	17976	21253	21335
高速公路	—	—	6862	7950	8235	9258	9972
国省道	—	—	2696	5336	6081	7264	6378
农村公路	—	—	1924	3227	3659	4731	4986
水运	135	689	1171	1457	1417	1238	1191
沿海	80	576	837	911	865	669	563
内河	55	113	335	547	552	569	628
民航	79	212	647	769	782	869	858
公路水运其他建设投资	121	271	559	450	494	649	824

数据来源：历年交通运输行业发展统计公报、民航行业发展统计公报、铁道统计公报。

四、全社会运输生产完成情况

附表 1–7　　我国客运量情况

单位：亿人次

指　标	2000 年	2005 年	2010 年	2015 年	2016 年	2017 年	2018 年
合　计	147.9	184.7	327.0	194.3	190.0	184.8	179.2
铁路客运量	10.5	11.6	16.8	25.4	28.1	30.8	33.7
公路客运量	134.7	169.7	305.3	161.9	154.3	145.7	136.5
水运客运量	1.9	2.0	2.2	2.7	2.7	2.8	2.8
民航客运量	0.7	1.4	2.7	4.4	4.9	5.5	6.1

数据来源：2017 年及以前数据来自《中国统计年鉴》，2018 年数据来自《中华人民共和国 2018 年国民经济和社会发展统计公报》。

附表 1–8　　我国旅客周转量情况

单位：亿人公里

指　标	2000 年	2005 年	2010 年	2015 年	2016 年	2017 年	2018 年
合　计	12261.1	17466.7	27894.3	30058.9	31258.5	32812.8	34213.5
铁路旅客周转量	4532.6	6062.0	8762.2	11960.6	12579.3	13456.9	14146.6
公路旅客周转量	6657.4	9292.1	15020.8	10742.7	10228.7	9765.2	9275.5
水运旅客周转量	100.5	67.8	72.3	73.1	72.3	77.7	79.8
民航旅客周转量	970.5	2044.9	4039.0	7282.6	8378.1	9513.0	10711.6

数据来源：2017 年及以前数据来自《中国统计年鉴》，2018 年数据来自《中华人民共和国 2018 年国民经济和社会发展统计公报》。

附表 1–9　　我国旅客运输平均运距情况

单位：公里

指　标	2000 年	2005 年	2010 年	2015 年	2016 年	2017 年	2018 年
旅客平均运距	83	95	85	155	165	177	191
铁路平均运距	431	524	523	472	447	436	420
公路平均运距	49	55	49	66	66	67	68

续表

指　标	2000 年	2005 年	2010 年	2015 年	2016 年	2017 年	2018 年
水运平均运距	52	34	32	27	27	27	29
民航平均运距	1444	1479	1509	1670	1717	1725	1756

数据来源：2017 年及以前数据来自《中国统计年鉴》，2018 年数据根据《中华人民共和国 2018 年国民经济和社会发展统计公报》公布的旅客周转量和客运量数据推算。

附表 1–10　　我国货运量情况

单位：亿吨

指　标	2000 年	2005 年	2010 年	2015 年	2016 年	2017 年	2018 年
合　计	135.9	186.2	324.2	417.6	438.7	480.5	514.6
铁路货运量	17.9	26.9	36.4	33.6	33.3	36.9	40.3
公路货运量	103.9	134.2	244.8	315.0	334.1	368.7	395.9
水运货运量	12.2	22.0	37.9	61.4	63.8	66.8	69.9
民航货运量	0.01967	0.03067	0.05630	0.06293	0.0668	0.07059	0.07385
管道货运量	1.9	3.1	5.0	7.6	7.3	8.1	8.5

数据来源：2017 年及以前数据来自《中国统计年鉴》，2018 年数据来自《中华人民共和国 2018 年国民经济和社会发展统计公报》。

附表 1–11　　我国货物周转量情况

单位：亿吨公里

指　标	2000 年	2005 年	2010 年	2015 年	2016 年	2017 年	2018 年
合　计	44321	80258	141837	178356	186629	197373	205452
铁路货物周转量	13771	20726	27644	23754	23792	26962	28821
公路货物周转量	6129	8693	43310	57956	61080	66772	71203
水运货物周转量	23734	49672	68428	91773	97339	98611	99304
民航货物周转量	50	79	179	208	222	244	262
管道货物周转量	636	1088	2197	4665	4196	4784	5862

数据来源：2017 年及以前数据来自《中国统计年鉴》，2018 年数据来自《中华人民共和国 2018 年国民经济和社会发展统计公报》。

附表 1–12　　我国货物运输平均运距情况

单位：公里

指　标	2000 年	2005 年	2010 年	2015 年	2016 年	2017 年	2018 年
货物平均运距	326	431	438	427	425	411	399
铁路平均运距	771	770	759	707	714	731	715
公路平均运距	59	65	177	184	183	181	180
水运平均运距	1939	2261	1806	1496	1525	1463	1421
民航平均运距	2555	2572	3177	3306	3330	3450	3553
管道平均运距	340	350	440	615	572	594	690

数据来源：2017 年及以前数据来自《中国统计年鉴》，2018 年数据根据《中华人民共和国 2018 年国民经济和社会发展统计公报》公布的货物周转量和货运量数据推算。

附表 1–13　　我国水路货物运输情况

单位：亿吨

指　标		2000 年	2005 年	2010 年	2015 年	2016 年	2017 年	2018 年
合　计		12.2	22.0	37.9	61.4	63.8	66.8	70.3
其中	内　河	6.9	10.6	18.9	34.6	35.7	37.1	37.4
	沿　海	3.1	6.5	13.2	19.3	20.1	22.1	25.1
	远　洋	2.3	4.9	5.8	7.5	8.0	7.6	7.7

数据来源：历年交通运输行业发展统计公报。

附表 1–14　　我国水路货物周转量情况

单位：亿吨公里

指　标		2000 年	2005 年	2010 年	2015 年	2016 年	2017 年	2018 年
合　计		23734	49672	68428	91772	97339	98611	99053
其中	内　河	1551	2626	5536	13112	14092	14949	15366
	沿　海	5110	8495	16893	24224	25173	28578	31760
	远　洋	17073	38552	45999	54236	58075	55084	51927

数据来源：历年交通运输行业发展统计公报。

附表 1–15　全国港口完成旅客吞吐量

单位：亿人

指　标		2000 年	2005 年	2010 年	2015 年	2016 年	2017 年	2018 年
合　计		0.86	2.06	1.77	1.85	1.85	1.85	1.77
其中	沿　海	0.58	0.78	0.73	0.82	0.82	0.87	0.88
	内　河	0.28	1.29	1.04	1.04	1.03	0.98	0.89

注：2000 年数据为全国主要港口完成旅客吞吐量数据。
数据来源：历年交通运输行业发展统计公报。

附表 1–16　全国港口完成主要货物吞吐量

指　标	2000 年	2005 年	2010 年	2015 年	2016 年	2017 年	2018 年
合　计（亿吨）	22.1	48.5	89.3	127.5	132	140.1	143.5
沿海（亿吨）	12.9	30.1	56.5	81.5	84.6	90.6	94.6
内河（亿吨）	9.1	18.5	32.9	46.0	47.5	49.5	48.9
集装箱吞吐量（亿 TEU）	0.2	0.8	1.5	2.1	2.2	2.4	2.5
沿海（亿 TEU）	0.2	0.70	1.3	1.9	2.0	2.1	2.2
内河（万 TEU）	—	562	1468	2249	2415	2739	2909
外贸吞吐量（亿吨）	5.7	13.7	25.0	36.6	38.5	40.9	41.9
沿海（亿吨）	5.2	12.5	22.9	33.0	34.5	36.6	37.4
内河（亿吨）	0.5	1.1	2.1	3.6	4.0	4.4	4.5

数据来源：历年交通运输行业发展统计公报。

附表 1–17　民航旅客运输量情况

单位：亿人次

	2000 年	2005 年	2010 年	2015 年	2016 年	2017 年	2018 年
总　计	0.67	1.38	2.68	4.36	4.88	5.52	6.12
国际航线	0.07	0.12	0.19	0.42	0.52	0.56	0.64
国内航线	0.60	1.26	2.48	3.94	4.36	4.86	5.48
港澳台航线	0.04	0.05	0.07	0.10	0.10	0.10	0.11

数据来源：历年民航行业发展统计公报。

附表 1–18　　民航货物运输量情况

单位：万吨

	2000 年	2005 年	2010 年	2015 年	2016 年	2017 年	2018 年
总　计	196.7	307.0	563.0	629.3	668.0	705.8	738.5
国际航线	49.2	77.0	192.6	186.8	193.2	222.1	242.7
国内航线	147.5	230.0	370.4	442.4	474.8	483.7	495.8
港澳台航线	13.5	17.0	21.7	22.1	22.0	24.2	23.5

数据来源：历年民航行业发展统计公报。

附表 1–19　　民航机场旅客、货邮吞吐量情况

	2000 年	2005 年	2010 年	2015 年	2016 年	2017 年	2018 年
机场旅客吞吐量（亿人次）	1.34	2.84	5.64	9.15	10.16	11.48	12.65
机场货邮吞吐量（万吨）	399.2	633.1	1129.0	1409.4	1510.4	1617.7	1674.0

数据来源：历年民航行业发展统计公报。

附表 1–20　　快递服务行业业务情况

		2010 年	2015 年	2016 年	2017 年	2018 年
快递服务企业业务量（亿件）		23.4	206.7	312.8	400.6	507.1
业务类型	同城（亿件）	5.4	54.0	74.1	92.7	114.1
	异地（亿件）	16.7	148.4	232.5	299.6	381.9
	国际及港澳台（亿件）	1.3	4.3	6.2	8.3	11.1
区域分布	东部（亿件）	18.5	169.6	253.2	324.9	405.2
	中部（亿件）	2.7	23.1	37.1	46.5	62.4
	西部（亿件）	2.1	14.0	22.5	29.2	39.7
邮政业务总量（亿元）		1985.3	5078.7	7397.2	9763.7	12345.2
快递业务收入（亿元）		574.6	2769.6	3974.4	4957.1	6038.4

数据来源：历年邮政（行业）发展统计公报。

五、全社会交通运输装备拥有情况

附表 1–21 我国主要运输装备规模

	2000 年	2005 年	2010 年	2015 年	2016 年	2017 年	2018 年
铁路机车拥有量（万台）	1.4	1.7	1.9	2.1	2.1	2.1	2.1
内燃机车（万台）	1.04	1.13	1.10	0.91	0.88	0.85	0.81
电力机车（万台）	0.35	0.51	0.84	1.19	1.22	1.26	1.29
全国铁路客车拥有量（万辆）	3.6	4.0	5.2	6.5	7.1	7.3	7.2
动车组（标准组）	—	—	480	1883	2586	2935	3256
和谐号车辆数（辆）	—	—	4628	17648	20688	23480	26048
全国铁路货车拥有量（万辆）	44.0	54.2	62.2	72.3	76.4	79.9	83.0
公路营运汽车拥有量（万辆）	535.07	733.22	1133.32	1473.12	1435.77	1450.22	1435.48
载客汽车（万辆）	98.84	128.40	83.13	83.93	84.00	81.61	79.66
载货汽车（万辆）	436.23	604.82	1050.19	1389.19	1351.77	1368.62	1355.82
水上运输船舶（万艘）	22.97	20.73	17.84	16.59	16.01	14.49	13.70
内河（万艘）	21.93	19.58	16.57	15.23	14.72	13.23	12.43
沿海（万艘）	0.76	0.94	1.05	1.07	1.05	1.03	1.04
远洋（万艘）	0.28	0.21	0.22	0.27	0.24	0.23	0.23
水上运输船舶净载重量（万吨）	5128	10179	18041	27244	26623	25652	25115
内河（万吨）	2052	4481	7436	12494	13361	13150	12915.5
沿海（万吨）	853	2048	4979	6858	6739	7044	6885.06
远洋（万吨）	2223	3649	5626	7892	6523	5458	5314.73
民航全行业运输在册飞机（架）	527	863	1597	2650	2950	3296	3639
通用航空企业在册航空器（架）	455	523	1010	1904	2096	2297	2495

数据来源：历年交通运输行业发展统计公报、民航行业发展统计公报、铁道统计公报。

六、其他交通运输行业发展评价指标

附表 1–22　　其他交通运输行业发展评价指标

	2000 年	2005 年	2010 年	2015 年	2016 年	2017 年	2018 年
全社会物流总额（万亿元）	—	48.1	125.4	219.2	229.7	252.8	283.1
工业品物流总额（万亿元）	—	—	113.1	204.0	214.0	234.5	256.8
进口货物物流总额（万亿元）	—	—	9.4	10.4	10.5	12.5	14.1
农产品物流总额（万亿元）	—	—	—	3.5	3.6	3.7	3.9
再生资源物流总额（万亿元）	—	—	—	0.9	0.9	1.1	1.3
单位与居民物品物流总额（万亿元）	—	—	—	0.5	0.7	1.0	7.0
全社会物流总费用（万亿元）	—	3.4	7.1	10.8	11.1	12.1	13.3
运输费用（万亿元）	—	1.9	3.8	5.8	6.0	6.6	6.9
保管费用（万亿元）	—	1.1	2.4	3.7	3.7	3.9	4.6
管理费用（万亿元）	—	0.5	0.9	1.4	1.4	1.6	1.8
物流业总收入（万亿元）	—	1.9	—	7.6	7.9	8.8	10.1
民用航空航线（条）	1165	1257	1880	3326	3794	4418	4945
国内（条）	1032	1024	1578	2666	3055	3615	4096
国际（条）	133	233	302	660	739	803	849
民航航班正常率（%）	—	82.0	75.8	68.3	76.8	71.7	80.1
民航正班客座率（%）	61.2	71.5	80.2	82.1	82.6	83.2	83.2
邮政平均每营业网点服务面积（平方公里）	—	—	126.8	51.0	44.3	34.5	35.0
邮政平均每一营业网点服务人口（万人）	2.1	2.0	1.8	0.7	0.6	0.5	0.5

数据来源：历年民航行业发展统计公报、邮政（行业）发展统计公报和全国物流运行情况通报。

附录二

重要政策

国务院办公厅关于保障城市轨道交通安全运行的意见

国办发〔2018〕13 号

各省、自治区、直辖市人民政府，国务院各部委、各直属机构：

城市轨道交通是城市公共交通系统的骨干，是城市综合交通体系的重要组成部分，其安全运行对保障人民群众生命财产安全、维护社会安全稳定具有重要意义。在各有关方面共同努力下，我国城市轨道交通运行态势总体平稳，但随着近年来运营里程迅速增加、线网规模不断扩大，城市轨道交通安全运行压力日趋加大。为切实保障城市轨道交通安全运行，经国务院同意，现提出以下意见。

一、总体要求

（一）指导思想。

全面贯彻党的十九大精神，坚持以习近平新时代中国特色社会主义思想为指导，认真落实党中央、国务院决策部署，牢固树立和贯彻落实新发展理念，以切实保障城市轨道交通安全运行为目标，完善体制机制，健全法规标准，创新管理制度，强化技术支撑，夯实安全基础，提升服务品质，增强安全防范治理能力，为广大人民群众提供安全、可靠、便捷、舒适、经济的出行服务。

（二）基本原则。

以人为本，安全第一。坚持以人民为中心的发展思想，把人民生命财产安全放在首位，不断提高城市轨道交通安全水平和服务品质。

统筹协调，改革创新。加强城市轨道交通规划、建设、运营协调衔接，加快技术创新应用，构建运营管理和公共安全防范技术体系，提升风险管控能力。

预防为先，防处并举。构建风险分级管控和隐患排查治理双重预防制度，加强应急演练和救援力量建设，完善应急预案体系，提升应急处置能力。

属地管理，综合治理。城市人民政府对辖区内城市轨道交通安全运行负总责，充分发挥自主权和创造性，结合本地实际构建多方参与的综合治理体系。

二、构建综合治理体系

（三）健全管理体制机制。

交通运输部负责指导城市轨道交通运营，拟订运营管理政策法规和标准规范并监督实施，承担运营安全监管职责，负责运营突发事件应对工作的指导协调和监督管理；指导地方交通运输部门监督指导城市轨道交通运营单位（以下简称运营单位）做好反恐防范、安检、治安防范和消防安全管理相关工作，根据应急预案调动行业装备物资为突发事件应对提供交通运输保障。公安部负责会同交通运输部等部门拟订城市轨道交通反恐防暴、内部治安保卫、消防安全等政策法规及标准规范并监督实施；指导地方公安机关做好城市轨道交通区域的巡逻查控工作，依法查处有关违法违规行为，加强对危及城市轨道交通安全的涉恐等情报信息的搜集、分析、研判和通报、预警工作，监督指导运营单位做好进站安检、治安防范、消防安全管理和突发事件处置工作。国家发展改革委、住房城乡建设部、安全监管总局等有关部门，按照职责分工履行有关安全工作职责。

省级人民政府指导本辖区城市轨道交通安全运行，负责辖区内运营突发事件应对工作的指导协调和监督管理。城市人民政府按照属地管理原则，对辖区内城市轨道交通安全运行负总责，建立衔接高效、运行顺畅的管理体制和运行机制，统筹协调相关方面共同做好安全运行管理工作。对跨城市运营的城市轨道交通线路，有关城市人民政府应建立跨区域运营突发事件应急合作机制。运营单位承担安全生产主体责任，落实反恐防暴、内部治安保卫、消防安全等有关法规规定的责任和措施。

（四）完善法规标准体系。

加强城市轨道交通立法工作，根据实际需要及时制修订城市轨道交通法规规章。强化技术标准规范对安全和服务的保障和引领作用，以保障建设质量和安全运行为重点，进一步修订完善城市轨道交通工程建设标准体系；以运营安全和服务质量为重点，建立健全城市轨道交通运营标准体系；以防范处置和设备配置为重点，建立健全城市轨道交通反恐防暴、内部治安保卫、消防安全等标准体系。

三、有序统筹规划建设运营

（五）科学编制规划。

城市轨道交通发展要与城市经济社会发展阶段、发展水平、发展方向相匹配、相协调。城市轨道交通线网规划要科学确定线网布局、规模和用地控制要求，与综合交通体系规划有机衔接，主要内容纳入城市总体规划。城市轨道交通建设规划要树立“规划建设为运营、运营服务为乘客”的理念，将安全和服务要求贯穿于规划、建设、运营全过程，并结合城市发展需求、财政状况等实际，准确把握城市轨道交通发展规模和发展速度，合理确定制式和建设时序，量力而行、有序发展。

（六）做好相关环节衔接。

城市轨道交通规划涉及公共安全方面的设施设备和场地、用房等，要与城市轨道交通工程同步规划、同步设计、同步施工、同步验收、同步投入使用，并加强运行维护管理。在工程可行性研究和初步设计文件中设置运营服务专篇和公共安全专篇，发展改革、规划等部门在审批时要以书面形式听取同级交通运输部门、公安机关意见。城市轨道交通工程项目原则上要在可行性研究报告编制前确定运营单位。加强城市轨道交通建设与运营的交接管理，完善交接内容和程序。城市轨道交通建设工程竣工验收不合格的，不得开展运营前安全评估，未通过运营前安全评估的，不得投入运营。城市轨道交通工程项目要按照相关规定划定保护区，运营期间在保护区范围内进行有关作业要按程序征求运营单位同意后方可办理相关许可手续。

四、加强运营安全管理

（七）夯实运营安全管理基础。

建立健全运营安全风险分级管控和隐患排查治理双重预防制度，

对运营全过程、全区域、各管理层级实施安全监控。建立城市轨道交通运营安全第三方评估制度。制定城市轨道交通运营安全事故报告和调查处理办法。建立健全行业运营服务指标体系和统计分析制度、服务质量考评制度，加强服务质量监管。依法推进运营单位安全生产标准化。运营单位要依法做好运营安全各项工作，严格落实安全生产责任制。

（八）强化关键设施设备管理。

制定城市轨道交通关键设施设备运营准入技术条件，加快推动车辆、信号、通信、自动售检票等关键设施设备产品定型，加强列车运行控制等关键系统信息安全保护。建立健全设施设备维修技术规范和检测评估、维修保养制度。建立关键设施设备全生命周期数据行业共享机制和设施设备运行质量公开及追溯机制，加强全面质量监管。

（九）提升从业人员素质。

深入开展行业运营人力资源跟踪研究，评估行业人才发展水平。鼓励各类院校设置城市轨道交通相关专业或者专业方向，扩大人才培养规模。完善从业人员培训考核管理制度，建立健全城市轨道交通职业分类和职业标准体系、职业技能鉴定机制，完善列车驾驶员职业准入制度，规范和强化行车值班员、行车调度员等重点岗位职业水平评价，建立从业人员服务质量不良记录名单制度，规范行业内人才流动。

五、强化公共安全防范

（十）加强日常巡检防控。

运营单位要制定安全防范和消防安全管理制度、明确人员岗位职责、落实安全管理措施，保障相关经费投入，及时配备、更新防范和处置设施设备。有关部门要加强涉恐情报信息搜集工作，运营单位要按照规定及时报告发现的恐怖活动嫌疑或恐怖活动嫌疑人员。地方反恐怖工作领导机构以及公安机关等要对有关情报信息进行筛查、研判、核查、监控，认为有发生恐怖事件危险的要及时通报和预警，有关部门和单位根据要求做好安全防范和应对处置工作。

（十一）规范安全检查工作。

依法对进入城市轨道交通场站的人员、物品进行安全检查。从事城市轨道交通安全检查的单位、人员要按照有关标准、规范和约定实施安全检查，发现违禁品、管制物品和涉嫌违法犯罪人员，要妥善处置并立即向公安机关报告。鼓励推广应用智能、快速的安检新技术、新产品，逐步建立与城市轨道交通客流特点相适应的安检新模式。制定安全检查设备和监控设备设置标准、人员配备标准及操作规范。

（十二）加强社会共建共治。

城市轨道交通所在地城市及以上地方人民政府要构建公安、交通运输、综治等部门以及运营单位、社会力量多方参与的城市轨道交通公共安全协同防范体系和应急响应机制，加强政府部门、运营单位与街道、社区之间的协调联动，推广“警企共建”、“街企共建”等专群结合的综治模式。积极招募志愿者，鼓励城市轨道交通“常乘客”参与公共安全防范与应急处置工作，提高公众安全防范能力，实现群防群治、协同共治。通过多种形式广泛宣传普及城市轨道交通相关法规和知识，加强公众公共安全防范及突发事件应对培训教育，引导公众增强安全意识和防护能力。

六、提升应急处置能力

（十三）完善应急预案体系。

城市轨道交通所在地城市及以上地方人民政府要将城市轨道交

通纳入政府应急管理体系，结合本地实际制定完善应对各类突发事件的专项应急预案、部门应急预案，督促运营单位制定完善具体预案。建立突发事件应急处置机制，成立应急指挥机构，明确相关部门和单位的职责分工、工作机制和处置要求。运营单位要建立完备的应急预案体系，编制应急预案操作手册，明确应对处置各类突发事件的现场操作规范、工作流程等，并立足实战加强站区一线人员培训，定期组织开展应急合成演练。

（十四）加强应急救援力量建设。

城市轨道交通所在地城市及以上地方人民政府和有关部门、运营单位要配备满足需要的应急设施设备和应急物资，根据需要建立专职或志愿消防队、微型消防站，提高自防自救能力。建立健全专业应急救援队伍，加强应急培训，提高应急救援能力。建设国家级城市轨道交通应急演练中心，开展培训和实战场景演练。鼓励和支持企业、科研院所及社会有关方面加强专业救援装备研究开发。

（十五）强化现场处置应对。

建立协调联动、快速反应、科学处置的工作机制，强化运营单位对突发事件第一时间处置应对的能力，最大程度减少突发事件可能导致的人员伤亡和财产损失。公安、交通运输等部门以及运营单位、街道、社区要密切协同联动。有关部门和运营单位的工作人员要按照各自岗位职责要求，通过广播系统、乘客信息系统和专人引导等方式，引导乘客快速疏散。充分发挥志愿者在安全防范和应急处置中的积极作用，提高乘客自救互救能力。

七、完善保障措施

（十六）加大综合政策扶持力度。

城市轨道交通所在地城市人民政府要加大城市轨道交通财政扶

持力度，统筹考虑城市轨道交通可持续安全运营需求，建立与运营安全和服务质量挂钩的财政补贴机制，科学确定财政补贴额度。保障公共安全防范所需资金并纳入公共财政体系，确保设施设备维护维修、更新改造资金到位。在保障运营安全的前提下，支持对城市轨道交通设施用地的地上、地下空间实施土地综合开发，创新节约集约用地模式，以综合开发收益支持运营和基础设施建设，确保城市轨道交通运行安全可持续。

国务院各有关部门、各省级人民政府要根据各自职责，加强对城市轨道交通运行安全监管的指导，强化督促检查。城市轨道交通所在地城市人民政府要加强组织领导，根据本意见提出的任务和要求，进一步细化贯彻落实政策措施，明确责任分工和时间进度要求，确保各项工作落实到位。

国务院办公厅

2018 年 3 月 7 日

国务院办公厅关于进一步加强城市轨道交通规划建设管理的意见

国办发〔2018〕52 号

各省、自治区、直辖市人民政府，国务院各部委、各直属机构：

城市轨道交通是现代城市交通系统的重要组成部分，是城市公共交通系统的骨干。《国务院办公厅关于加强城市快速轨道交通建设管理的通知》（国办发〔2003〕81 号）印发以来，我国城市轨道交通总体保持有序发展，对提升城市公共交通供给质量和效率、缓解城市交通拥堵、引导优化城市空间结构布局、改善城市环境起到了重要作用。但同时，由于城市轨道交通投资巨大、公益性特征明显，部分城市对城市轨道交通发展的客观规律认识不足，对实际需求和自身实力把握不到位，存在规划过度超前、建设规模过于集中、资金落实不到位等问题，一定程度上加重了地方债务负担。为贯彻落实党中央、国务院决策部署，坚决打好防范化解重大风险攻坚战，促进城市轨道交通规范有序发展，经国务院同意，现提出以下意见。

一、总体要求

（一）指导思想。

以习近平新时代中国特色社会主义思想为指导，全面贯彻党的十九大和十九届二中、三中全会精神，统筹推进“五位一体”总体布局和协调推进“四个全面”战略布局，牢固树立和贯彻落实新发展理念，按照高质量发展的要求，以服务人民群众出行为根本目标，持续深化城市交通供给侧结构性改革，坚持补短板、调结构、控节奏、保安全，科学编制城市轨道交通规划，严格落实建设条件，有序推进项目建设，着力加强全过程监管，严控地方政府债务风险，确保城市轨道交通发展规模与实际需求相匹配、建设节奏与支撑能力相适应，实现规范有序、持续健康发展。

（二）基本原则。

量力而行，有序推进。坚持实事求是，从实际出发科学开展前瞻性规划研究工作，以城市财力和建设运营管理能力为实施条件，合理把握建设规模和节奏，切实提高城市轨道交通发展质量，确保与城市发展水平相适应。

因地制宜，经济适用。坚持近远期结合，统筹考虑交通、环境、工程等各方面因素，选择适宜的轨道交通系统制式和敷设方式，宜地面则地面、宜地下则地下，合理确定建设标准，着力提高综合效益。

衔接协调，集约高效。坚持多规衔接，加强城市轨道交通规划与城市规划、综合交通体系规划等的相互协调，集约节约做好沿线土地、空间等统筹利用，发挥轨道交通对城市交通运输发展的支撑引导作用。

严控风险，持续发展。坚持底线思维，牢固树立安全发展理念，强化城市政府主体责任，加强安全生产和运营管理，加大防范化解地方政府债务风险工作力度，进一步推动城市轨道交通建设、运营模式创新，增强可持续发展能力。

二、完善规划管理规定

（三）严格建设申报条件。

城市轨道交通系统，除有轨电车外均应纳入城市轨道交通建设规划并履行报批程序。地铁主要服务于城市中心城区和城市总体规划确定的重点地区，申报建设地铁的城市一般公共财政预算收入应在 300 亿元以上，地区生产总值在 3000 亿元以上，市区常住人口在 300 万人以上。引导轻轨有序发展，申报建设轻轨的城市一般公共财政预算收入应在 150 亿元以上，地区生产总值在 1500 亿元以上，市区常住人口在 150 万人以上。拟建地铁、轻轨线路初期客运强度分别不低于每日每公里 0.7 万人次、0.4 万人次，远期客流规模分别达到单向高峰小时 3 万人次以上、1 万人次以上。以上申报条件将根据经济社会发展情况按程序适时调整。

（四）强化规划衔接提高建设规划质量。

城市政府根据城市总体规划、土地利用总体规划、城市综合交通体系规划，合理制定城市轨道交通线网规划，确定城市轨道交通近期建设线路，加强对居民区、商业区、交通枢纽等客流密集区域的覆盖，做好城市轨道交通规划线路沿线土地预留和控制，防止其他建设对城市轨道交通走廊空间的侵占。在此基础上，根据相关规划和城市发展需要、财力等情况制定城市轨道交通分期建设规划，规划期限一般为 5 ～ 6 年。建设规划要合理选择轨道交通系统制式、敷设方式，科学确定建设规模、项目时序、资金筹措方案，确保建设期和运营期的政府支出规模与财力相匹配，着力提升投资效益。强化城市轨道交通与其他交通方式的衔接融合，城市轨道交通规划要与国家铁路、城际铁路、枢纽机场等规划相衔接，通过交通枢纽实现方便、高效换乘。要加强节地技术和节地模式创新应用，鼓励探索城市轨道交通地上地下空间综合开发利用，推进建设用地多功能立体开发和复合利用，提高空间利用效率和节约集约用地水平。编制城市轨道交通建设规划时，应同步组织开展规划环境影响评价，由生态环境主管部门按程序审查环境影响报告书。要统筹城市轨道交通建设与人才培养，将人才培养和保障措施纳入建设规划。

（五）严格建设规划报批和审核程序。

省级发展改革部门会同城乡规划主管部门、住房城乡建设部门进行城市轨道交通建设规划初审，按程序向国家发展改革委报送建设规划。城市轨道交通首轮建设规划由国家发展改革委会同住房城乡建设部组织审核后报国务院审批，后续建设规划由国家发展改革委会同住房城乡建设部审批、报国务院备案。国家发展改革委、住房城乡建设部要会同有关部门按照职责分工严格审核把关，未达到城市轨道交通建设申报条件的建设规划一律不得受理；对符合申报条件的建设规划，要认真审核规划建设规模及项目资金筹措方案，确保建设规模同地方财力相匹配。省级政府有关部门要进一步强化初审责任，确保城市财力、负债水平、建设规模、建设方案、项目时序等符合相关规定和规划要求。

（六）强化建设规划的导向和约束作用。

已经国家批准的城市轨道交通建设规划应严格执行，原则上不得变更，规划实施期限不得随意压缩。在规划实施过程中，因城市规划、工程条件、交通枢纽布局变化等因素影响，城市轨道交通线路功能定位、基本走向、系统制式等发生重大变化的，或线路里程、地下线路长度、直接工程投资（扣除物价上涨因素）等较建设规划增幅超过 20% 的，应按相关规定履行建设规划调整程序。建设规划调整应在完成规划实施中期评估后予以统筹考虑，原则上不得新增项目。原则上本轮建设规划实施最后一年或规划项目总投资完成 70% 以上的，方可开展新一轮建设规划报批工作。

三、有序推进项目实施

（七）规范项目审批。

城市轨道交通项目（不含有轨电车）由省级发展改革部门根据国家批准的城市轨道交通建设规划，按照相关程序审批（核准），未列入建设规划的项目不得审批（核准），严禁以市政配套工程、有轨电车、工程试验线、旅游线等名义违规变相建设地铁、轻轨项目。已审批（核准）建设城市轨道交通项目的城市要合理把握建设节奏，着力优化项目设计，合理控制工程造价，有效降低工程总投资。城市政府和相关企业不得不顾条件提前实施项目、随意压缩工期，对前期工作未完成、建设条件不具备、遇有特殊工程地质灾害且不能保证施工安全的项目，应根据实际情况暂缓实施，建设工期可相应顺延。有轨电车项目由省级发展改革部门负责审批（核准），并做好与相关规划的统筹衔接。

（八）强化项目建设和运营资金保障。

城市政府应建立透明规范的资本金及运营维护资金投入长效机

制，确保城市轨道交通项目建设资金及时足额到位。除城市轨道交通建设规划中明确采用特许经营模式的项目外，项目总投资中财政资金投入不得低于40%，严禁以各类债务资金作为项目资本金。强化城市政府对城市轨道交通项目全寿命周期的支出责任，保障必要的运营维护资金。支持各地区依法依规深化投融资体制改革，积极吸引民间投资参与城市轨道交通项目，鼓励开展多元化经营，加大站场综合开发力度。规范开展城市轨道交通领域政府和社会资本合作（PPP），通过多种方式盘活存量资产。研究利用可计入权益的可续期债券、项目收益债券等创新形式推进城市轨道交通项目市场化融资，开展符合条件的运营期项目资产证券化可行性研究。

四、强化项目风险管控

（九）严控地方政府债务风险。

进一步加大财政约束力度，按照严控债务增量、有序化解债务存量的要求，严格防范城市政府因城市轨道交通建设新增地方政府债务风险，严禁通过融资平台公司或以PPP等名义违规变相举债。对举债融资不符合法律法规或未落实偿债资金来源的城市轨道交通项目，发展改革部门不得审批（核准）；对列入地方政府债务风险预警范围的城市，应暂缓审批（核准）其新项目。城市政府要合理控制城市轨道交通企业负债率，对企业负债率过高的应采取有效措施降低债务，并暂停开工建设新项目。

（十）坚守安全发展底线。

把安全作为发展城市轨道交通的生命线，落实城市政府和企业安全责任，严格安全准入，强化勘察设计，强化源头管控。建立健全施工企业和业主企业安全生产管理制度，加强安全生产标准化建设。落实企业的人才培养主体责任，深化产教融合、校企合作，提升从业人员素质。强化城市政府安全监管执法，逐步形成覆盖城市轨道交通项目建设运营全过程的风险管理机制，坚决防范重特大生产安全事故发生。

五、完善规划和项目监管体系

（十一）加强监管能力建设。

健全部门间协同联动监管机制，国家发展改革委、住房城乡建设部等有关部门要建立城市轨道交通监管数据库，加强信息共享，运用大数据等技术手段提升监管水平，发挥行业协会作用，及时动态掌握城市轨道交通建设规划实施情况。省级政府有关部门要强化属地监管责任，城市政府有关部门要按权责明确责任分工、加强监管。地方政府要建立常态化安全检查制度和重点工程检查、抽查制度，加强项目稽查，强化工程质量终身责任制，完善城市政府负责的项目竣工验收制度。国家和省级发展改革部门要完善建设规划实施的中期评估机制，建立建设规划执行情况和建成投运线路经济社会效益分析的后评价机制。

（十二）建立健全责任机制。

坚持国家统筹、省负总责、城市主体的原则，明确有关部门和地方政府责任。国务院有关部门要加强对城市轨道交通规划建设工作的统筹和指导，省级政府有关部门对建设规划实施履行全过程监管责任，城市政府对项目建设和本级政府债务风险管控负主体责任。建立健全责任主体信用记录，将违规信息纳入全国信用信息共享平台，建立“黑名单”制度，对规划编制、评估、审查、项目设计等单位未履行相关职责并造成重大影响的，实行警示、禁入等联合惩戒措施；对违法违规审批、建设城市轨道交通项目的部门、企业及其责任人，要依法依规追责问责。

本意见自印发之日起施行。《国务院办公厅关于加强城市快速轨道交通建设管理的通知》（国办发〔2003〕81号）同时废止。

国务院办公厅

2018年6月28日

推进运输结构调整三年行动计划（2018—2020年）

国办发〔2018〕91号

为贯彻落实党中央、国务院关于推进运输结构调整的决策部署，打赢蓝天保卫战、打好污染防治攻坚战，提高综合运输效率、降低物流成本，制定本行动计划。

一、总体要求

（一）指导思想。

以习近平新时代中国特色社会主义思想为指导，全面贯彻党的十九大和十九届二中、三中全会精神，牢固树立和贯彻落实新发展理念，按照高质量发展要求，标本兼治、综合施策，政策引导、市场驱动，重点突破、系统推进，以深化交通运输供给侧结构性改革为主线，以京津冀及周边地区、长三角地区、汾渭平原等区域（以下称重点区域）为主战场，以推进大宗货物运输“公转铁、公转水”为主攻方向，不断完善综合运输网络，切实提高运输组织水平，减少公路运输量，增加铁路运输量，加快建设现代综合交通运输体系，有力支撑打赢蓝天保卫战、打好污染防治攻坚战，更好服务建设交通强国和决胜全面建成小康社会。

（二）工作目标。

到 2020 年，全国货物运输结构明显优化，铁路、水路承担的大宗货物运输量显著提高，港口铁路集疏运量和集装箱多式联运量大幅增长，重点区域运输结构调整取得突破性进展，将京津冀及周边地区打造成为全国运输结构调整示范区。与 2017 年相比，全国铁路货运量增加 11 亿吨、增长 30%，其中京津冀及周边地区增长 40%、长三角地区增长 10%、汾渭平原增长 25%；全国水路货运量增加 5 亿吨、增长 7.5%；沿海港口大宗货物公路运输量减少 4.4 亿吨。全国多式联运货运量年均增长 20%，重点港口集装箱铁水联运量年均增长 10% 以上。

（三）重点区域范围。

京津冀及周边地区包括北京、天津、河北、河南、山东、山西、辽宁、内蒙古 8 省（区、市），长三角地区包括上海、江苏、浙江、安徽 4 省（市），汾渭平原包括山西、河南、陕西 3 省。

二、铁路运能提升行动

（四）提升主要物流通道干线铁路运输能力。

加快实施《"十三五"现代综合交通运输体系发展规划》、《铁路"十三五"发展规划》和《中长期铁路网规划》，加快重点干线铁路项目建设进度，加快蒙华、京原、黄大等连接西部与华中、华北地区干线铁路建设和改造，提升瓦日、邯黄等既有铁路综合利用效率，实施铁路干线主要编组站设备设施改造扩能，缓解部分区段货运能力紧张，提升路网运输能力。（中国铁路总公司牵头，发展改革委、交通运输部、财政部、铁路局参与，地方各级人民政府负责落实。以下均需地方各级人民政府落实，不再列出）

（五）加快大型工矿企业和物流园区铁路专用线建设。

支持煤炭、钢铁、电解铝、电力、焦化、汽车制造等大型工矿企业以及大型物流园区新建或改扩建铁路专用线。简化铁路专用线接轨审核程序，压缩接轨协议办理时间，完善铁路专用线共建共用机制，创新投融资模式，吸引社会资本投入。合理确定新建及改扩建铁路专用线建设等级和技术标准，鼓励新建货运干线铁路同步规划、设计、建设、开通配套铁路专用线。到2020年，全国大宗货物年货运量150万吨以上的大型工矿企业和新建物流园区，铁路专用线接入比例达到80%以上；重点区域具有铁路专用线的大型工矿企业和新建物流园区，大宗货物铁路运输比例达到80%以上。（交通运输部、发展改革委、自然资源部、生态环境部、铁路局、中国铁路总公司按职责分工负责）

（六）优化铁路运输组织模式。

优先保障煤炭、焦炭、矿石、粮食等大宗货物运力供给。优化列车运行图，丰富列车编组形式，加强铁路系统内跨局组织协调，开发当日达、次日达等多种运输产品，实现车船班期稳定衔接。在运输总量达到一定规模的通道，开发铁路货运班列、点到点货运列车、大宗货物直达列车等多频次多样化班列产品，构建快捷货运班列网络。研究推进铁路双层集装箱、驮背运输产品开发，提升通道配套设施设备能力。充分发挥高铁运能，在有条件的通道实现客货分线运输。（中国铁路总公司牵头，交通运输部、发展改革委参与）

（七）提升铁路货运服务水平。

深化铁路运输价格市场化改革，建立健全灵活的运价调整机制，发挥市场配置资源的决定性作用。完善短距离大宗货物运价浮动机制。规范铁路专用线代维收费行为，推动降低专用线共用收费水平。减少和取消铁路两端短驳环节，规范短驳服务收费行为，降低短驳成本。推动铁路运输企业与煤炭、矿石、钢铁等大客户签订运量运能互保协议，实现互惠共赢。推动铁路运输企业与港口、物流园区、大型工矿企业、物流企业等开展合作，构建门到门接取送达网络，提供全程物流服务。（中国铁路总公司牵头，发展改革委、市场监管总局、交通运输部、铁路局参与）

三、水运系统升级行动

（八）完善内河水运网络。

统筹优化沿海和内河集装箱、煤炭、矿石、原油、液化天然气、商品汽车等专业运输系统布局，提升水运设施专业化水平。坚持生态优先、绿色发展理念，以流域生态系统性保护为前提，增强长江干线航运能力，推进西江干线和京杭运河山东段、江苏段、浙江段航道扩能改造，加快推进长三角高等级航道整治工程。加强长江、西江、京杭运河、淮河重要支流航道建设。加快推进三峡水运新通道等重大水运基础设施工程前期论证工作。（交通运输部牵头，发展改革委、生态环境部、水利部参与）

（九）推进集疏港铁路建设。

加快实施《“十三五”港口集疏运系统建设方案》、《“十三五”长江经济带港口多式联运建设实施方案》、《推动长江干线港口铁水联运设施联通的行动计划》，着力推进集疏港铁路建设。加强港区集疏港铁路与干线铁路和码头堆场的衔接，优化铁路港前站布局，鼓励集疏港铁路向堆场、码头前沿延伸，加快港区铁路装卸场站及配套设施建设，打通铁路进港最后一公里。2020 年全国沿海重要港区铁路进港率大幅提高，长江干线主要港口全面接入集疏港铁路。（交通运输部、发展改革委、自然资源部、财政部、生态环境部、铁路局、中国铁路总公司按职责分工负责）

（十）推动大宗货物集疏港运输向铁路和水路转移。

进一步规范港口经营服务性收费，对实行政府定价的，严格执行规定的收费标准；对实行市场调节价的，督促落实价格法律法规和相关规定，不得违规加收任何价外费用。进一步加强煤炭集港运输管理，2018年底前，环渤海地区、山东省、长三角地区沿海主要港口和唐山港、黄骅港的煤炭集港改由铁路或水路运输；2020年采暖季前，沿海主要港口和唐山港、黄骅港的矿石、焦炭等大宗货物原则上主要改由铁路或水路运输。（交通运输部、中国铁路总公司、发展改革委牵头，生态环境部、市场监管总局、铁路局参与）

（十一）大力发展江海直达和江海联运。

积极推动宁波舟山港、上海港、深圳港、广州港、连云港港以及长江干线港口等江海直达和江海联运配套码头、锚地等设施技术改造。统筹江海直达和江海联运发展，积极推进干散货、集装箱江海直达运输，实现集装箱直达运输班轮化发展。制定完善以江船出海为主的江海直达船舶规范，重点推进江海直达散货船和集装箱船等船型研发及应用。（交通运输部牵头，工业和信息化部参与）

四、公路货运治理行动

（十二）强化公路货运车辆超限超载治理。

健全货运车辆非法改装联合监管工作机制，杜绝非法改装货运车辆出厂上路。加大货物装载源头监管力度，重点加强矿山、水泥厂、港口、物流园区等重点源头单位货车出场（站）装载情况检查，禁止超限超载车辆出场（站）上路行驶。严格落实治理车辆超限超载联合执法常态化制度化工作要求，统一公路货运车辆超限超载认定标准，加大对大宗货物运输车辆超限超载的执法力度。进一步优化完善公路治超网络，推广高速公路收费站入口称重检测，优化国省干线公路超限检测站点布局，完善农村公路限宽限高保护设施。加强科技治超，利用信息化手段加强车辆超限超载检测，实现跨区域、跨部门治超信息资源交换共享，落实“一超四罚”。继续加强信用治超，严格落实公路治超“黑名单”制度，对严重违法超限超载运输当事人实施联合惩戒。到2020年底，全国高速公路全面实施收费站入口称重检测，各省（区、市）高速公路货运车辆平均违法超限超载率不超过0.5%，普通公路货运车辆超限超载得到有效遏制。（交通运输部牵头，工业和信息化部、公安部、市场监管总局参与）

（十三）大力推进货运车型标准化。

巩固车辆运输车治理工作成果，稳步开展危险货物运输罐车、超长平板半挂车、超长集装箱半挂车治理工作。做好既有营运车辆情况排查，建立不合规车辆数据库，制定车辆退出计划，按照标准引导、疏堵结合、更新替代、循序渐进的原则强化执法监管，引导督促行业、企业加快更新淘汰不合规车辆，促进标准化车型更新替代。开展中置轴汽车列车示范运行，加快轻量化挂车推广应用。（交通运输部牵头，工业和信息化部、公安部、市场监管总局参与）

（十四）推动道路货运行业集约高效发展。

促进“互联网+货运物流”新业态、新模式发展，深入推进无车承运人试点工作，健全完善无车承运人法规制度，推动货运物流平台健康有序发展。到2020年，重点培育50家左右创新能力强、运营管理规范、资源综合利用效率高的无车承运人品牌企业。支持引导货运大车队、挂车共享租赁、甩挂运输、企业联盟、品牌连锁等集约高效的运输组织模式发展，发挥规模化、网络化运营优势，降低运输成本，有效整合分散经营的中小货运企业和个体运输业户。支持大型道路货运企业以资产为纽带，通过兼并、重组、收购、控股、加盟连锁等方式，拓展服务网络，延伸服务链条，实现资源高效配置，加快向现代物流企业转型升级。（交通运输部负责）

五、多式联运提速行动

（十五）加快联运枢纽建设和装备升级。

推进具有多式联运功能的物流园区建设，加快铁路物流基地、铁路集装箱办理站、港口物流枢纽、航空转运中心、快递物流园区等规划建设和升级改造，加强不同运输方式间的有效衔接。进一步拓展高铁站场货运服务功能，完善货运配套设施。有序推进货运机场建设，拓展完善机场货运服务功能。大力推广集装化运输，支持企业加快多式联运运载单元、快速转运设备、专用载运机具等升级改造，完善内陆集装箱配套技术标准，推广应用45英尺集装箱和35吨敞顶集装箱，促进集装化、厢式化、标准化装备应用。（交通运输部、发展改革委、铁路局、民航局、邮政局、中国铁路总公司按职责分工负责）

（十六）加快发展集装箱铁水联运。

鼓励铁路、港口、航运等企业加强合作，促进海运集装箱通过铁路集疏港。在环渤海、长三角、珠三角、北部湾和海峡西岸经济区等重点沿海区域和长江干线，打造“长途重点货类精品班列＋短途城际小运转班列”铁水联运产品体系。鼓励铁路运输企业增加铁路集装箱和集装箱平车保有量，提高集装箱共享共用和流转交换能力，利用物联网等技术手段提升集装箱箱管和综合信息服务水平。（交通运输部、中国铁路总公司牵头，发展改革委、铁路局参与）

（十七）深入实施多式联运示范工程。

加大对多式联运示范工程项目建设的支持力度，加强示范工程运行监测，推动运输组织模式创新。深入推进天津至华北、西北地区等六条集装箱铁水联运示范线路建设。鼓励骨干龙头企业在运输装备研发、多式联运单证统一、数据信息交换共享等方面先行先试，充分发挥引领示范作用。支持各地开展集装箱运输、商品车滚装运输、全程冷链运输、电商快递班列等多式联运试点示范创建。（交通运输部、发展改革委牵头，铁路局、民航局、邮政局、中国铁路总公司参与）

六、城市绿色配送行动

（十八）推进城市绿色货运配送示范工程。

引导特大城市群和区域中心城市规划建设绿色货运配送网络，完善干支衔接型物流园区（货运枢纽）和城市配送网络节点及配送车辆停靠装卸配套设施建设。鼓励邮政快递企业、城市配送企业创新统一配送、集中配送、共同配送、夜间配送等集约化运输组织模式。到 2020 年，在全国建成 100 个左右的城市绿色货运配送示范项目。加大对示范项目物流园区（货运枢纽）建设、新能源车辆推广应用、绿色物流智慧服务平台建设等支持力度。（交通运输部牵头，公安部、商务部、财政部参与）

（十九）加大新能源城市配送车辆推广应用力度。

加快新能源和清洁能源车辆推广应用，到 2020 年，城市建成区新增和更新轻型物流配送车辆中，新能源车辆和达到国六排放标准清洁能源车辆的比例超过 50%，重点区域达到 80%。各地将公共充电桩建设纳入城市基础设施规划建设范围，加大用地、资金等支持力度，在物流园区、工业园区、大型商业购物中心、农贸批发市场等货流密集区域，集中规划建设专用充电站和快速充电桩。结合城市配送需求，制定新能源城市配送车辆便利通行政策，改善车辆通行条件。在有条件的地区建立新能源城市配送车辆运营补贴机制，降低使用成本。在重点物流园区、铁路物流中心、机场、港口等推广使用电动化、清洁化作业车辆。（交通运输部、工业和信息化部牵头，

公安部、财政部、自然资源部、生态环境部、铁路局、民航局参与）

（二十）推进城市生产生活物资公铁联运。

充分发挥铁路既有站场资源优势，完善干支衔接的基础设施网络，创新运营组织模式，打造“轨道＋仓储配送”的铁路城市物流配送新模式，提高城市生产生活物资运输中公铁联运的比例。在北京等大型城市组织开展城市生产生活物资公铁接驳配送试点，加快城市周边地区铁路外围集结转运中心和市内铁路站场设施改造，构建“外集内配、绿色联运”的公铁联运城市配送新体系，及时总结经验并推广应用。（中国铁路总公司、交通运输部按职责分工负责）

七、信息资源整合行动

（二十一）加强多式联运公共信息交换共享。

加快建设多式联运公共信息平台，实现部门之间、运输方式之间信息交换共享。加强交通运输、海关、市场监管等部门间信息开放共享，为企业提供资质资格、认证认可、检验检疫、通关查验、违法违章、信用评价、政策动态等一站式综合信息服务。加快完善铁水联运信息交换接口标准体系，推进业务单证电子化，促进铁路、港口信息共享，实现铁路现车、装卸车、货物在途、到达预确报以及港口装卸、货物堆存、船舶进出港、船期舱位预订等铁水联运信息互联共享。到2019年底，沿海及长江干线主要港口实现铁水联运信息交换共享。到2020年底，基本建成全国多式联运公共信息平台。（交通运输部、发展改革委、中国铁路总公司牵头，海关总署、市场监管总局、铁路局、民航局、邮政局参与）

（二十二）提升物流信息服务水平。

升级国家交通运输物流公共信息平台，促进铁路、港口、航运和第三方物流等龙头企业加强合作，强化货物在途状态查询、运输价格查询、车货动态匹配、集装箱定位跟踪等综合信息服务，提高物流服务智能化、透明化水平。（交通运输部、发展改革委牵头，铁路局、民航局、邮政局、中国铁路总公司参与）

（二十三）加强运输结构调整信息报送和监测分析。

研究建立运输结构调整指标体系，探索相关分析方法。建立货物运输“公转铁、公转水”运行动态、多式联运发展状态、新能源车辆推广应用等信息运行监测和报送机制。（交通运输部牵头，工业和信息化部、生态环境部、铁路局、中国铁路总公司参与）

八、加大政策保障力度

（二十四）积极落实财政等支持政策。

利用车购税资金、中央基建投资等现有资金，统筹推进公铁联运、海铁联运等多式联运发展，提升港口集疏运能力，加强物流园区、工矿企业等铁路专用线建设，为煤炭、矿石等大宗货物运输方式调整创造有利环境。鼓励社会资本设立多式联运产业基金，拓宽投融资渠道，加快运输结构调整和多式联运发展。鼓励各地对运输结构调整工作成效显著的工矿企业，在分解错峰生产任务时适当减少限产比例。贯彻落实《国务院关于印发打赢蓝天保卫战三年行动计划的通知》（国发〔2018〕22号）有关要求，对大力淘汰老旧车辆、推广应用新能源汽车的有关企业和人员依照有关政策及时给予经济补偿。（财政部、发展改革委、交通运输部、生态环境部牵头，铁路局、中国铁路总公司参与）

（二十五）完善用地用海支持政策。

加大铁路专用线用地支持力度，将本行动计划支持的铁路专用线项目（不含物流园区），纳入占用永久基本农田的重大建设项目用地预审受理范围，按照相关规定办理用地手续。各省（区、市）要在国土空间规划指导下组织编制港口集疏运铁路、物流园区和工矿企业铁路专用线建设方案，保障用地指标。对急需开工的铁路专用线控制性工程，属于国家重点建设项目的，按照相关规定向自然资源部申请办理先行用地。加大对“公转水”码头及配建工程的用海支持力度，对纳入港口总体规划和运输结构调整计划的铁水联运、水水中转码头及配建的防波堤、航道、锚地等项目，列入国家重大战略的，在符合海域管理法律法规及围填海管理政策的情况下，重点保障用海需求。（自然资源部、交通运输部牵头，发展改革委、铁路局、中国铁路总公司参与）

九、加大督导考核力度

（二十六）加强组织领导。

地方各级政府要切实加强组织领导，按照“一市一策、一港一策、一企一策”要求，组织编制本地区运输结构调整工作实施方案，细化分解目标任务，制定责任清单，健全责任体系，科学安排工作进度，出台配套政策，确保按时保质完成各项任务。交通运输部、发展改革委要加强统筹协调和组织调度，完善运输结构调整工作协调机制，及时研究解决运输结构调整中的重大问题。（交通运输部、发展改革委牵头，各有关部门参与）

（二十七）强化督导考评。

加强对地方政府和有关部门运输结构调整工作推进落实情况的督查考核，结果向社会公布。地方各级政府要建立健全动态评估机制，加强对铁路、港口、工矿等企业的督导考核，确保责任落实到位。（交通运输部、发展改革委牵头，各有关部门参与）

十、营造良好发展环境

（二十八）保障行业健康稳定发展。

加强部门协同联动，强化货运市场和重点企业监测，及时掌握行业动态，加大政策支持力度，完善从业人员社会保障、职业培训等服务，积极培育拓展新兴市场，推动货运行业创新稳定发展和转型升级。（交通运输部牵头，各有关部门参与）

（二十九）做好政策宣传和舆论引导。

加大对运输结构调整工作的宣传报道力度，加强正面引导，及时回应社会关切，为运输结构调整工作营造良好舆论氛围。（交通运输部、发展改革委牵头，各有关部门参与）

关于推进高铁站周边区域合理开发建设的指导意见

发改基础〔2018〕514号

各省、自治区、直辖市人民政府，新疆生产建设兵团：

随着我国高速铁路快速发展，沿线地区人民群众出行服务水平得到显著提升。依托高铁车站推进周边区域开发建设，有利于城市空间有效拓展和内部结构整合优化，有利于调整完善产业布局，促进交通、产业、城镇融合发展。近年来，一些地方依托高铁建设的有利条件，积极探索推进高铁车站周边区域开发建设，取得了一定发展成效，有的高铁车站周边区域已经成为城市最具人气和活力、发展最快的地区。但总体上看，我国高铁车站周边区域整体开发建设仍处于起步阶段，各方面对高铁建设和城镇化融合发展研究还不深入，个别地方高铁车站周边开发建设不同程度地存在初期规模过大、功能定位偏高、发展模式较单一、综合配套不完善等问题，对人口和产业吸引力不够，持续健康发展的基础不够牢固，潜藏着一定的社会经济风险。为推进高铁车站周边区域合理开发建设，提出如下意见。

一、总体要求

（一）指导思想。

深入学习贯彻习近平新时代中国特色社会主义思想和党的十九大精神，坚持以人民为中心，坚持稳中求进工作总基调，坚持新发展理念，按照高质量发展要求，深化供给侧结构性改革，加强规划统筹和衔接，严控金融和地方政府债务风险，遵循城镇化发展规律，因地制宜、规范有序推进高铁车站周边区域开发建设，不断提升设施服务、产业发展、人口集聚、政策配套等支撑能力，促进高铁沿线城镇空间合理布局和城市空间结构优化，推动高铁建设与城市发展良性互动、有机协调。

（二）基本原则。

规划协调、布局合理。统一规划，整体部署，严格依据城市总体规划、土地利用总体规划、综合交通规划等编制高铁车站周边开发建设规划，合理确定开发规模和边界，优化车站选址方案及车站周边区域空间结构、人口产业分布，杜绝边建设、边规划。

量力而行、有序建设。结合城市功能区划、区位优势、财力可能、人口资源环境条件等发展实际，根据规划确定开发目标、建设任务，兼顾当前和长远，合理把握建设节奏和时序，量力而行、循序渐进、有序发展，防止盲目追求规模和大干快上。

站城一体、综合配套。充分发挥高铁车站的辐射带动作用，围绕人的城镇化，统筹生产、生活、生态空间布局，走特色化、差异化发展之路，完善基础设施及公共服务设施配套，促进产城融合、宜居宜业，避免高铁沿线产业布局同质化和单一房地产功能开发。

市场运作、防范风险。按照市场化原则运作，创新投资、建设、运营、管理体制机制，强化政策支持保障，充分调动企业和社会资本的积极性，推进项目共建、资源共享，提升开发建设质量水平和效益，防范各种隐患、风险和损失。

二、重点任务

（三）强化规划引导和管控作用。

坚持规划引领，充分论证高铁车站周边开发建设可行性、必要性，因城施策、因站而异推进高铁车站周边区域合理有序开发建设。对于既有站改造的高铁车站、位于中心城区或与既有产业园区等结合较好的高铁车站，有关城市要严格按照既有城市规划，结合城市功能提升和结构布局优化做好车站周边综合开发。对于城市外围新建的高铁车站周边具有开发潜力的，相关城市要依据城市总体规划、土地利用总体规划等统一布局，合理确定车站周边开发建设的功能定位、规模和边界，做好规划预留和控制，按照规划规范有序推进开发建设。要严格审查规划的合理性，定期评估规划实施情况和综合开发效益，把评估结果作为控制建设时序和分期建设的依据。

（四）合理确定高铁车站选址和规模。

高铁车站选址要符合土地利用总体规划和城市总体规划，切实处理好高铁通达性和高铁车站周边开发建设之间的关系，既要满足技术标准条件，又要服务地方发展。铁路总公司和地方政府要依据相关规范要求，在城市枢纽总图规划编制及项目实施阶段，深入研究论证高铁车站与城市发展衔接问题，合理确定建设标准、线路走向、车站分布和建设规模。新建铁路选线应尽量减少对城市的分割，新建车站选址尽可能在中心城区或靠近城市建成区，确保人民群众乘坐高铁出行便利。高铁车站建设要规模适当、经济适用，切忌贪大求洋、追求奢华。

（五）严格节约集约用地。

高铁车站周边开发建设要落实最严格的耕地保护制度和节约用地制度，依法办理建设用地审批手续。有关城市要综合考虑人口集聚规模和吸纳就业情况，按照城镇建设用地增加规模同吸纳农业转移人口落户数量相挂钩要求，合理确定高铁车站周边用地规模、结构、布局及土地开发和供应时序，坚决防控单纯房地产化倾向。统筹地上地下空间复合利用，积极推广地下空间开发利用、轨道交通上盖物业综合开发等节地技术和模式，提升节约集约用地水平。要按照“框定总量、限定容量、盘活存量、做优增量、提高质量”要求，依据城市规划、土地利用总体规划和土地使用标准对高铁站周边建设用地加强审查，严格土地用途管制。

（六）促进站城一体融合发展。

高铁车站周边开发建设要突出产城融合、站城一体，与城市建成区合理分工，在城市功能布局、综合交通运输体系建设、基础设施共建共享等方面同步规划、协调推进。有关城市要结合自身资源禀赋、优势特色、发展定位等，甄选出发展基础条件优越、城市特色鲜明和发展潜力较大的产业，构建枢纽偏好型产业体系，避免沿线临近站点形成无序竞争、相互制约的局面。大城市高铁车站周边可研究有序发展高端服务业、商贸物流、商务会展等产业功能，中、小城市高铁车站应合理布局周边产业，稳妥发展商业零售、酒店、餐饮等产业功能。

（七）提升综合配套保障能力。

高铁车站周边开发建设必须贯彻落实以人为本的新型城镇化发展理念，营造宜居宜业环境，提高交通便利性和公共服务能力，增强产业、人口集聚效应。强化城市内外交通衔接，加强新建高铁车站城市公共交通配套线路和换乘设施建设，实现与城市建成区、城市其他重要综合交通枢纽之间的快速连接、便捷直达。同时，完善公共服务体系，配套建设医疗、教育、休闲、娱乐等场所和设施，增强生活服务功能，使人“愿意来”“留得下”“活得好”，不断提升人民群众的幸福感和获得感。

（八）合理把握开发建设时序。

尊重城市发展的客观规律，树立正确的政绩观和功成不必在我的理念，不追求短期的形象效果，量力而行，尽力而为，严禁借高铁车站周边开发建设名义盲目搞城市扩张。有关城市要根据相关规划、发展实际和财力可能，分阶段、分步骤地有序推进高铁车站周边区域开发建设，做到开发一片、成熟一片、成功一片。大城市初期应重点开发新建高铁车站周边 2 公里以内区域，可适当控制预留远期发展空间，避免摊子铺得过大、粗放低效发展。中小城市不宜过高预估高铁带动作用，避免照搬照抄大城市开发经验，硬造特色、盲目造城。新建铁路站场实施土地综合开发的，应当严格执行土地综合开发的边界和规模要求，扣除站场用地后，同一铁路建设项目的综合开发用地总量按单个站场平均规模不超过 50 公顷控制，少数站场综合开发用地规模不超过 100 公顷。

（九）防范地方政府债务风险。

充分认识防范化解地方政府债务风险的重要性和紧迫性，牢牢守住不发生系统性金融风险的底线，切实防范高铁车站周边开发建设带来的地方政府债务风险。有关地方要进一步完善高铁车站周边开发建设项目和资金管理，加强成本收益分析评估，合理控制建设规模和节奏，防止脱离地方财力实际搞开发；严格执行预算法和担保法，落实地方政府债务限额管理和预算管理制度，依法规范举债，坚决遏制隐性债务增量，列入地方政府债务风险预警范围的高风险地区原则上不得举债搞建设。

（十）创新开发建设体制机制。

进一步理顺政府与市场关系，充分发挥市场对资源配置的决定性作用，支持地方政府引入社会资本参与高铁车站周边开发建设。鼓励地方政府牵头建立投资建设主体、管理运营主体、综合开发主体等多方合作开发机制，完善支持高铁建设投资主体及出资人参与高铁车站周边区域综合开发的政策措施，发挥政府规划引导、政策支持、搭建发展平台、提供公共服务等作用，加强对市场的引导，切忌政府大包大揽。理清权责关系，完善综合开发、运营管理及收益分配机制，形成促进发展的多种合力。

三、组织实施

（十一）明确责任主体。

地方政府要强化主体责任意识，各有关方面要严格按照本意见要求，进一步梳理既有高铁车站周边开发建设情况，对存在的问题加快整改落实，优化新建高铁车站选址，规范有序推进高铁周边开发建设，提升发展质量和综合效益。

（十二）严格监督管理。

自然资源、住房城乡建设主管部门要依法依规对高铁车站周边开发建设严格进行管理，适时组织评估，严控建设规模和时序，加强用地监测，严肃查处违法违规批地用地行为和建设行为，并进一步做好房地产市场监督和管理。

（十三）强化协同联动。

发展改革委、自然资源部、住房城乡建设部将与铁路总公司、相关地方政府和有关部门加强沟通协调和纵横联动，认真总结和梳理高铁车站周边开发建设中存在的困难和问题，及时规范纠偏，完善相关政策措施。

（十四）加强宣传引导。

地方政府有关部门要准确把握高铁对经济社会发展的带动作用，主动加强政策解读，充分发挥媒体的舆论引导作用，及时总结和推广典型经验，形成客观、公正的舆论导向和氛围。

国家发展改革委
自 然 资 源 部
住房城乡建设部
中国铁路总公司
2018 年 4 月 24 日

国家发展改革委 民航局关于促进通用机场有序发展的意见

发改基础〔2018〕1164 号

各省、自治区、直辖市、新疆生产建设兵团发展改革委，民航各地区管理局：

《国务院办公厅关于促进通用航空业发展的指导意见》（国办发〔2016〕38 号）印发以来，各地认真贯彻落实，积极探索、科学谋划，加快推进通用机场规划建设，着力突破“落地难”瓶颈。但有些地区对通用机场的功能定位、布局原则等认识模糊，有些通用机场规划布点也不尽合理，缺少对区域军民用机场运行、军事设施保护、军民航飞行等综合论证，加剧了地区飞行矛盾，对军事安全保密造成较大隐患。此外，还存在通用机场项目报批程序复杂、周期长等问题，这些都不利于加快培育通用航空市场。为科学有序推进通用机场规划建设，促进通用航空业持续健康发展，推动通用航空“热起来、飞起来”，现提出以下意见。

一、正确认识加快通用机场建设的重要性

通用航空业是民航领域供给侧结构性改革的重要抓手，是航空业发展的新增长点。按照“分类管理、放管结合、有序发展”的原则，加快通用航空业发展，有利于完善综合交通运输体系，提升公共服务水平，促进产业转型升级，释放消费潜力，培育新的经济增长点。通用机场作为通用航空业发展的重要基础，加快建设和完善通用机场网络，是补足基础设施短板、解决“落地难”问题的关键举措。各地要提高认识，深入学习贯彻党的十九大和十九届二中、三中全会精神，以习近平新时代中国特色社会主义思想为指导，牢固树立和贯彻落实新发展理念，坚持以人民为中心的发展思想，坚定实施军民融合发展战略，准确把握市场需求和发展形势，充分认识通用航空社会属性，发挥好市场机制作用，科学有序推进通用机场建设，营造通用航空良好发展环境，探索通用航空业发展新业态、新模式。

二、科学编制通用机场布局规划

通用机场布局规划是通用机场项目审批（核准）、建设实施的依据，应坚持以市场需求为导向，合理确定通用机场功能定位，突出发展重点，注重与地方优势资源创新融合，发挥通用机场的辐射和带动作用，打造适应区域经济社会发展需要的通用航空网络。

（一）明确功能定位。

一是交通运输服务。利用通用航空短途运输“小机型、小航线、短航程、组织方式灵活”等特点，在距离最近的民用运输机场直线距离 100 公里以上的偏远地区、地面交通不便地区布局通用机场，

为人民群众提供“飞得到、坐得起、用得上”的交通出行服务。利用公务航空“快捷、私密、舒适”等特点，在京津冀、长三角、珠三角等城镇化和市场需求较高的地区布局综合性通用机场，疏解枢纽机场非核心业务，提供个性化、高效率的出行服务。

二是社会公共服务。充分发挥通用航空响应速度快、机动能力强、服务范围广的优势，运用大数据等技术手段分析自然灾害等易发多发地区以及国家高速公路事故多发路段，选择附近具备条件的地方布局通用机场，提升航空应急救援能力；在国家布局的城市群中的主要城市选择综合性医院布局通用机场，优先在京津冀、长三角、珠三角、长江中游、成渝等城市群逐步构建30分钟通用航空医疗救助网络；在人口密集、交通易拥堵的大中型城镇，以及兼顾国防要求的口岸、交通枢纽等布局通用机场，扩大通用航空在区域综合治理与服务保障方面的应用。

三是通用航空消费。强化通用航空与旅游、体育等新消费融合，在世界自然文化遗产、国家级旅游度假区、4A级及以上景区、国家体育产业示范基地等布局通用机场，发展以大众消费为核心的通用航空旅游和航空体育产品。

四是航空飞行培训。优化提升既有航空飞行培训通用机场的服务保障能力，注重与航空制造、通用航空消费等上下游融合，发展固定翼航空器、旋翼机、无人机等多类型、多层次的飞行培训体系。

五是工农林生产作业。统筹既有通用航空工农林作业机场，扩大通用航空作业覆盖，满足大型农场、重点林区、粮食主产区等农林作业，电网和油气管道等巡线的需求。工农林生产作业通用机场宜与区域内其他通用机场统筹使用，并向社会开放。

（二）合理规划布局。

遵循通用航空发展规律，结合自身发展实际和通用机场功能定位，加强与全国民用运输机场布局规划衔接，按照安全、经济、实用、绿色的原则，突出重点、量力而行，分类分级规划布局通用机场，切忌简单套用运输机场建设标准和运营模式，避免过度超前，防止盲目发展、重复建设。

一是突出通用机场建设重点。优先在中西部地区推进以通用航空短途运输为主的通用机场建设。鼓励京津冀、长三角、珠三角等地区和重点城市群加强以社会公共服务为主的通用机场建设。支持重点产业集聚区以及农产品主产区、重点国有林区等地区根据产业发展实际和通用航空服务需要，优化以工农林生产作业为主的通用机场布局。通用机场在规划建设时，要深入实施军民融合发展战略，贯彻国防要求，坚持军民融合、平战结合，特别是在沿边、沿海等交通不便的偏僻地区，预置军航飞行保障功能，提高通用机场建设的综合效益。

二是构建区域通用航空网络。扎实有序推进通用机场建设，逐步由点状分布向连通成网发展。近期以通用航空示范为重点，加快培育通用航空市场。优先鼓励在支线机场建设通用航空服务设施，提升机场利用效率和综合服务能力。鼓励利用有条件的军用机场开展通用航空业务，并研究在部分重要方向通用机场预置军事功能。远期将结合区域通用航空市场发展需要以及空域使用条件，推进京津冀、长三角、珠三角等地区和重点城市群的综合性通用机场建设，打造区域通用航空网络重要节点，逐步构建以支线机场和综合性通用机场为核心，规模适度、结构合理、功能协调、兼容互补的区域通用机场网络。

各省（区、市）在编制通用机场布局规划时，应加强军民航协调发展问题研究论证。通用机场布局规划编制完成后报省级人民政府批准，抄报国家发展改革委、民航局和中央军委联合参谋部、空军，同步抄送战区、战区空军及所在地民航地区管理局。

三、稳妥有序推进通用机场建设

（一）扎实做好项目前期工作。

各省（区、市）要依据出台的通用机场布局规划，结合经济社会和通用航空业发展情况，建立通用机场建设重点项目库，明确功能定位、建设规模、投资融资等，并利用民航投资建设项目管理信息系统数据平台，实时动态掌握项目工作进展。各地要加强与军方有关部门沟通协商，确保通用机场建设条件落实到位。各省（区、市）审批（核准）通用机场项目时，原则上不再征求相应民航地区管理局意见，批复文件应抄送国家发展改革委、民航局和中央军委联合参谋部等相关单位。

（二）加强军民航协调与监管。

国家发展改革委、民航局将充分发挥现有的机场项目军地协调机制的作用，加强新建通用机场项目与全国民用运输机场布局规划、战场建设规划等方面的衔接，保障公共航空运输和军航运行安全，协调解决通用机场项目场址、空域审核遇到的重点难点问题。民航局将按照职责加强对通用机场建设的监督管理。

（三）严格规范通用机场使用。

通用机场应按照《通用机场分类管理办法》（民航发〔2017〕46号）要求，办理通用机场使用许可证。对于已批复的临时起降点，原则上不再办理批复有效期延期，有效期满后如需继续开展通用航空活动，运营人应按照通用机场项目有关规定办理相关手续。

（四）创新投融资模式。

鼓励和吸引社会资本投资建设通用机场。鼓励政策性、开发性金融机构对通用机场建设提供多样化的金融服务和融资支持，拓宽融资渠道，降低企业融资成本。支持地方通过设立发展基金等方式，为通用机场建设提供建设资金和贴息补助；鼓励地方政府采取特许经营、政府购买服务等方式，加大政策和资金扶持力度，防范地方政府债务风险。“十三五”期间民航局将安排民航发展基金对各省（区、市）1 至 2 个以短途运输、应急救援、医疗救护等公益性较强的通用航空服务为主的通用机场建设项目予以重点支持。

四、规范通用机场升级转换机制

对通用航空短途运输市场需求旺盛、通用机场运行安全平稳、具有支线运输需求的地区，地方政府可利用现有通用机场升级改造为运输机场，提升区域民用航空服务水平，构建通用机场与民用运输机场统筹协调发展的国家综合机场体系。

（一）严格升级条件。

一是符合全国民用运输机场布局规划。

二是具备运输机场安全运行发展条件，3 年内没有发生重大航空安全事故且无管理责任造成的重大及以上生产安全事故。

（二）明确升级程序。

通用机场升级转换为运输机场的项目，须按照新建运输机场项目有关规定，报请国务院、中央军委审批（核准）。考虑到通用机场升级转换为运输机场的项目属原址改扩建，各级政府和有关部门要积极创造条件，简化审批程序。

各省（区、市）人民政府作为推进通用航空业发展的主体，要正确引导市（县）级政府科学谋划、有序发展，注重完善本地通用航空市场发展环境。按照谁审批谁监管、谁主管谁监管的原则，各地政府和民航行业管理部门要坚持安全第一，加强通用机场项目全过程监管，确保项目合法开工、建设过程合规有序，保障通用航空业安全、持续、健康发展。

国家发展改革委
民　　航　　局
2018 年 8 月 14 日

国家物流枢纽布局和建设规划

发改经贸〔2018〕1886 号

物流枢纽是集中实现货物集散、存储、分拨、转运等多种功能的物流设施群和物流活动组织中心。国家物流枢纽是物流体系的核心基础设施，是辐射区域更广、集聚效应更强、服务功能更优、运行效率更高的综合性物流枢纽，在全国物流网络中发挥关键节点、重要平台和骨干枢纽的作用。为贯彻落实党中央、国务院关于加强物流等基础设施网络建设的决策部署，科学推进国家物流枢纽布局和建设，经国务院同意，制定本规划。

一、规划背景

党的十八大以来，我国物流业实现较快发展，在国民经济中的基础性、战略性、先导性作用显著增强。物流专业设施和交通基础设施网络不断完善，特别是一些地区自发建设形成一批物流枢纽，在促进物流资源集聚、提高物流运行效率、支撑区域产业转型升级等方面发挥了重要作用，为建设国家物流枢纽网络奠定良好基础。

基础设施条件不断完善。截至 2017 年底，我国铁路、公路营运总里程分别达到 12.7 万公里和 477.3 万公里，万吨级以上港口泊位

2366 个，民用运输机场 226 个，铁路专用线总里程约 1.8 万公里。全国营业性通用仓库面积超过 10 亿平方米，冷库库容约 1.2 亿立方米，运营、在建和规划的各类物流园区超过 1600 个。

运行组织效率持续提高。互联网、物联网、大数据、云计算等现代信息技术与物流业发展深度融合，无人机、无人仓、物流机器人、新能源汽车等智能化、绿色化设施设备在物流领域加快推广应用，物流枢纽运行效率显著提高，有力引导和支撑物流业规模化集约化发展，为加快物流转型升级和创新发展注入新的活力。

综合服务能力大幅提升。货物集散转运、仓储配送、装卸搬运、加工集拼等基础服务能力不断增强，与制造、商贸等产业融合发展趋势日益明显，物流要素加速向枢纽聚集，以平台整合、供应链融合为特征的新业态新模式加快发展，交易撮合、金融结算等增值服务功能不断拓展，物流枢纽的价值创造能力进一步增强。

经济支撑带动作用明显。国际陆港、中欧班列枢纽节点等快速发展，跨境电商、同城配送等物流新需求持续增长，物流枢纽的资源聚集效应和产业辐射效应不断显现，对经济增长的带动作用日益增强，有效支撑我国世界第二大经济体和第一大货物贸易国的地位。

但也要看到，与发达国家相比，我国物流枢纽发展还存在一定差距。一是系统规划不足，现有物流枢纽设施大多分散规划、自发建设，骨干组织作用发挥不足，物流枢纽间协同效应不明显，没有形成顺畅便捷的全国性网络。二是空间布局不完善，物流枢纽分布不均衡，西部地区明显滞后，部分地区还存在空白；一些物流枢纽与铁路、港口等交通基础设施以及产业集聚区距离较远，集疏运成本较高。三是资源整合不充分，部分物流枢纽存在同质化竞争、低水平重复建设问题，内部缺乏有效分工，集聚和配置资源要素的作用没有充分发挥。四是发展方式较为粗放，一些已建成物流枢纽经营方式落后、功能单一，无法开展多式联运；有的枢纽盲目扩大占地面积，物流基础设施投入不足，服务质量有待提高。

当前，我国经济已由高速增长阶段转向高质量发展阶段。加快国家物流枢纽网络布局和建设，有利于整合存量物流基础设施资源，更好发挥物流枢纽的规模经济效应，推动物流组织方式变革，提高物流整体运行效率和现代化水平；有利于补齐物流基础设施短板，扩大优质物流服务供给，打造低成本、高效率的全国性物流服务网络，提升实体经济活力和竞争力；有利于更好发挥干线物流通道效能，加快推进要素集聚、资源整合和城乡空间格局与产业布局重塑，促进区域协调发展，培育新的经济增长极；有利于深化国内国际物流体系联动协同，促进生产制造、国际贸易和国际物流深度融合，提高国际供应链整体竞争力，培育国际竞争新优势，加快推动我国产业向全球价值链中高端迈进。

二、总体要求

（一）指导思想。

以习近平新时代中国特色社会主义思想为指导，全面贯彻党的十九大和十九届二中、三中全会精神，牢固树立和贯彻落实新发展理念，按照高质量发展的要求，统筹推进“五位一体”总体布局和协调推进“四个全面”战略布局，坚持以供给侧结构性改革为主线，认真落实党中央、国务院决策部署，推动物流组织模式和行业管理体制机制创新，加快现代信息技术和先进设施设备应用，构建科学合理、功能完备、开放共享、智慧高效、绿色安全的国家物流枢纽网络，打造“通道+枢纽+网络”的物流运行体系，实现物流资源优化配置和物流活动系统化组织，进一步提升物流服务质量，降低全社会物流和交易成本，为优化国家经济空间布局和构建现代化经济体系提供有力支撑。

（二）基本原则。

市场主导、规划引领。遵循市场经济规律和现代物流发展规律，使市场在资源配置中起决定性作用和更好发挥政府作用，通过规划引领和指导，推动物流资源向有市场需求的枢纽进一步集聚，支持和引导具备条件的物流枢纽做大做强，在物流运行体系中发挥骨干作用。

集约整合、融合创新。坚持以存量设施整合提升为主、以增量设施补短板为辅，重点提高现有物流枢纽资源集约利用水平。依托国家物流枢纽加强物流与交通、制造、商贸等产业联动融合，培育行业发展新动能，探索枢纽经济新范式。

统筹兼顾、系统成网。统筹城市经济发展基础和增长潜力，兼顾东中西部地区协调发展，围绕产业发展、区域协调、公共服务、内联外通等需要，科学选址、合理布局、加强联动，加快构建国家物流枢纽网络。

协调衔接、开放共享。加强物流与交通基础设施衔接，提高不同运输方式间货物换装效率，推动信息互联互通、设施协调匹配、设备共享共用，增强国家物流枢纽多式联运功能，提高运行效率和一体化组织水平。

智慧高效、绿色发展。顺应现代物流业发展新趋势，加强现代信息技术和智能化、绿色化装备应用，推进货物运输结构调整，提高资源配置效率，降低能耗和排放水平，打造绿色智慧型国家物流枢纽。

（三）发展目标。

到 2020 年，通过优化整合、功能提升，布局建设 30 个左右辐射带动能力较强、现代化运作水平较高、互联衔接紧密的国家物流枢纽，促进区域内和跨区域物流活动组织化、规模化运行，培育形成一批资源整合能力强、运营模式先进的枢纽运营企业，初步建立符合我国国情的枢纽建设运行模式，形成国家物流枢纽网络基本框架。

到 2025 年，布局建设 150 个左右国家物流枢纽，枢纽间的分工协作和对接机制更加完善，社会物流运行效率大幅提高，基本形成以国家物流枢纽为核心的现代化物流运行体系，同时随着国家产业结构和空间布局的进一步优化，以及物流降本增效综合措施的持续发力，推动全社会物流总费用与 GDP 的比率下降至 12% 左右。

——高效物流运行网络基本形成。以“干线运输 + 区域分拨”为主要特征的现代化多式联运网络基本建立，全国铁路货运周转量比重提升到 30% 左右，500 公里以上长距离公路运量大幅减少，铁路集装箱运输比重和集装箱铁水联运比重大幅提高，航空货运周转量比重明显提升。

——物流枢纽组织效率大幅提升。多式联运、甩挂运输等先进运输组织方式广泛应用，各种运输方式衔接更加紧密，联运换装转运效率显著提高，集疏运体系更加完善，国家物流枢纽单元化、集装化运输比重超过 40%。

——物流综合服务能力显著增强。完善互联互通的枢纽信息网络，国家物流枢纽一体化运作、网络化经营、专业化服务能力进一步提高，与供应链、产业链、价值链深度融合，对实体经济的支撑和促进作用明显增强，枢纽经济效应充分显现。

到 2035 年，基本形成与现代化经济体系相适应的国家物流枢纽网络，实现与综合交通运输体系顺畅衔接、协同发展，物流规模化、组织化、网络化、智能化水平全面提升，铁路、水运等干线通道能力充分释放，运输结构更加合理。全社会物流总费用与 GDP 的比率继续显著下降，物流运行效率和效益达到国际先进水平。依托国家物流枢纽，形成一批具有国际影响的枢纽经济增长极，将国家物流枢纽打造成为产业转型升级、区域经济协调发展和国民经济竞争力提升的重要推动力量。

三、合理布局国家物流枢纽，优化基础设施供给结构

（一）国家物流枢纽的类型和功能定位。

国家物流枢纽分为陆港型、港口型、空港型、生产服务型、商贸服务型、陆上边境口岸型等 6 种类型。

陆港型。依托铁路、公路等陆路交通运输大通道和场站（物流基地）等，衔接内陆地区干支线运输，主要为保障区域生产生活、优化产业布局、提升区域经济竞争力，提供畅通国内、联通国际的物流组织和区域分拨服务。

港口型。依托沿海、内河港口，对接国内国际航线和港口集疏运网络，实现水陆联运、水水中转有机衔接，主要为港口腹地及其辐射区域提供货物集散、国际中转、转口贸易、保税监管等物流服务和其他增值服务。

空港型。依托航空枢纽机场，主要为空港及其辐射区域提供快捷高效的国内国际航空直运、中转、集散等物流服务和铁空、公空等联运服务。

生产服务型。依托大型厂矿、制造业基地、产业集聚区、农业主产区等，主要为工业、农业生产提供原材料供应、中间产品和产成品储运、分销等一体化的现代供应链服务。

商贸服务型。依托商贸集聚区、大型专业市场、大城市消费市场等，主要为国际国内和区域性商贸活动、城市大规模消费需求提供商品仓储、干支联运、分拨配送等物流服务，以及金融、结算、供应链管理等增值服务。

陆上边境口岸型。依托沿边陆路口岸，对接国内国际物流通道，主要为国际贸易活动提供一体化通关、便捷化过境运输、保税等综合性物流服务，为口岸区域产业、跨境电商等发展提供有力支撑。

（二）国家物流枢纽布局和规划建设要求。

国家物流枢纽基本布局。加强宏观层面的系统布局，依据区域经济总量、产业空间布局、基础设施联通度和人口分布等，统筹考虑国家重大战略实施、区域经济发展、产业结构优化升级等需要，结合“十纵十横”交通运输通道和国内物流大通道基本格局，选择127个具备一定基础条件的城市作为国家物流枢纽承载城市，规划建设212个国家物流枢纽，包括41个陆港型、30个港口型、23个空港型、47个生产服务型、55个商贸服务型和16个陆上边境口岸型国家物流枢纽。

专栏1　国家物流枢纽布局承载城市

1.陆港型国家物流枢纽承载城市。包括石家庄、保定、太原、大同、临汾、呼和浩特、乌兰察布、沈阳、长春、哈尔滨、佳木斯、南京、徐州、杭州、合肥、南昌、鹰潭、济南、潍坊、郑州、安阳、武汉、长沙、衡阳、南宁、柳州、重庆、成都、遂宁、贵阳、遵义、昆明、拉萨、西安、延安、兰州、酒泉、格尔木、乌鲁木齐、哈密、库尔勒。

2.港口型国家物流枢纽承载城市。包括天津、唐山、秦皇岛、沧州、大连、营口、上海、南京、苏州、南通、连云港、宁波—舟山、芜湖、安庆、福州、厦门、九江、青岛、日照、烟台、武汉、宜昌、岳阳、广州、深圳、湛江、钦州—北海—防城港、洋浦、重庆、泸州。

3.空港型国家物流枢纽承载城市。包括北京、天津、哈尔滨、上海、南京、杭州、宁波、厦门、青岛、郑州、长沙、武汉—鄂州、广州、深圳、三亚、重庆、成都、贵阳、昆明、拉萨、西安、银川、乌鲁木齐。

> 4. 生产服务型国家物流枢纽承载城市。包括天津、石家庄、唐山、邯郸、太原、鄂尔多斯、包头、沈阳、大连、长春、哈尔滨、大庆、上海、南京、无锡、苏州、杭州、宁波、嘉兴、金华、合肥、蚌埠、福州、三明、南昌、青岛、郑州、洛阳、武汉、十堰、襄阳、长沙、郴州、广州、深圳、珠海、佛山、东莞、南宁、柳州、重庆、成都、攀枝花、贵阳、西安、宝鸡、石河子。
>
> 5. 商贸服务型国家物流枢纽承载城市。包括天津、石家庄、保定、太原、呼和浩特、赤峰、沈阳、大连、长春、吉林、哈尔滨、牡丹江、上海、南京、南通、杭州、温州、金华（义乌）、合肥、阜阳、福州、平潭、厦门、泉州、南昌、赣州、济南、青岛、临沂、郑州、洛阳、商丘、南阳、信阳、武汉、长沙、怀化、广州、深圳、汕头、南宁、桂林、海口、重庆、成都、达州、贵阳、昆明、大理、西安、兰州、西宁、银川、乌鲁木齐、喀什。
>
> 6. 陆上边境口岸型国家物流枢纽承载城市。包括呼伦贝尔（满洲里）、锡林郭勒（二连浩特）、丹东、延边（珲春）、黑河、牡丹江（绥芬河—东宁）、防城港（东兴）、崇左（凭祥）、德宏（瑞丽）、红河（河口）、西双版纳（磨憨）、日喀则（吉隆）、伊犁（霍尔果斯）、博尔塔拉（阿拉山口）、克孜勒苏（吐尔尕特）、喀什（红其拉甫）。

国家物流枢纽规划建设要求。一是区位条件良好。毗邻港口、机场、铁路场站等重要交通基础设施和产业聚集区，与城市中心的距离位于经济合理的物流半径内，并与城市群分工相匹配。二是空间布局集约。以连片集中布局为主，集中设置物流设施，集约利用土地资源。同一国家物流枢纽分散布局的互补功能设施原则上不超过 2 个。三是存量设施优先。以完善提升已建成物流设施的枢纽功能为主，必要情况下可结合区域经济发展需要适当整合、迁移或新建枢纽设施。四是开放性公共性强。具备提供公共物流服务、引导分散资源有序聚集、推动区域物流集约发展等功能，并在满足区域生产生活物流需求中发挥骨干作用。五是服务功能完善。具备干线运输、区域分拨等功能，以及多式联运转运设施设备和系统集成、互联兼容的公共信息平台等，可根据需要提供通关、保税等国际物流相关服务。六是统筹运营管理。由一家企业或多家企业联合主导国家物流枢纽建设、运营和管理，统筹调配物流服务资源，整合对接物流业务，实行统一的安全作业规范。七是区域协同联动。鼓励同一承载城市内不同类型的国家物流枢纽加强协同或合并建设，增强综合服务功能；支持京津冀、长三角、珠三角等地区的承载城市在城市群内部开展国家物流枢纽合作共建，实现优势互补。

国家物流枢纽培育发展要求。各承载城市要遵循市场规律，尊重市场选择，以市场自发形成的物流枢纽设施和运行体系为基础，对照上述要求，选择基础条件成熟、市场需求旺盛、发展潜力较大的物流枢纽进行重点培育，并可根据市场和产业布局变化情况以及交通基础设施发展情况等进行必要的调整。同时，通过规划引导和政策支持，加强公共服务产品供给，补齐设施短板，规范市场秩序，促进公平竞争。要加强国家物流枢纽与其他物流枢纽的分工协作和有效衔接，两者不排斥、不替代，通过国家物流枢纽的发展带动其他物流枢纽做大做强，打造以国家物流枢纽为骨干，以其他物流枢纽为补充，多层次、立体化、广覆盖的物流枢纽设施体系。

四、整合优化物流枢纽资源，提高物流组织效率

（一）培育协同高效的运营主体。

鼓励和支持具备条件的企业通过战略联盟、资本合作、设施联通、功能联合、平台对接、资源共享等市场化方式打造优势互补、业务协同、利益一致的合作共同体，推进国家物流枢纽设施建设和统筹运营管理，有序推动干线运输、区域分拨、多式联运、仓储服务、跨境物流、城市配送等物流服务资源集聚，引导物流服务企业集群

发展，提升物流一体化组织效率。

（二）推动物流设施集约整合。

整合优化存量物流设施。优先利用现有物流园区特别是国家示范物流园区，以及货运场站、铁路物流基地等设施规划建设国家物流枢纽。鼓励通过统筹规划迁建等方式整合铁路专用线、专业化仓储、多式联运转运、区域分拨配送等物流设施及通关、保税等配套设施，推动物流枢纽资源空间集中；对迁建难度较大的分散区块设施，支持通过协同运作和功能匹配实现统一的枢纽功能。支持国家物流枢纽集中承接第三方物流、电子商务、邮政、快递等物流服务的区域分拨和仓储功能，减少物流设施无效低效供给，促进土地等资源集约利用，提升设施综合利用效率。

统筹补齐物流枢纽设施短板。加强物流枢纽设施薄弱地区特别是中西部地区物流软硬件设施建设，支持物流枢纽设施短板突出地区结合产业发展和城市功能定位等，按照适度超前原则高起点规划新建物流枢纽设施，推动国家物流枢纽网络空间结构进一步完善，带动区域经济发展。

（三）增强国家物流枢纽平台支撑能力。

加强综合信息服务平台建设。鼓励和支持国家物流枢纽依托现有资源建设综合信息服务平台，打破物流信息壁垒，推动枢纽内企业、供应链上下游企业信息共享，实现车辆、货物位置及状态等信息实时查询；加强交通、公安、海关、市场监管、气象、邮政等部门公共数据开放共享，为便利企业生产经营和完善物流信用环境提供支撑；加强物流服务安全监管和物流活动的跟踪监测，推动相关企业落实实名登记和信息留存等安全管理制度，实现货物来源可追溯、责任可倒查。依托国家交通运输物流公共信息平台等建立国家物流枢纽间综合信息互联互通机制，促进物流订单、储运业务、货物追踪、支付结算等信息集成共享、高效流动，提高物流供需匹配效率，加强干线运输、支线运输、城市配送的一体化衔接。完善数据交换、数据传输等标准，进一步提升不同枢纽信息系统的兼容性和开放性。

推动物流资源交易平台建设。依托具备条件的国家物流枢纽综合信息服务平台，建设物流资源要素交易平台，开展挂车等运输工具、集装箱、托盘等标准化器具及叉车、正面吊等装卸搬运设备的租赁交易，在制度设计和交易服务等方面加强探索创新，允许交易平台开展水运、航空货运、陆运等运力资源和仓储资源交易，提高各类物流资源的市场化配置效率和循环共用水平。

专栏 2　国家物流枢纽资源整合工程

1. 国家物流枢纽建设运营主体培育工程。借鉴国外成熟经验，遵循市场化原则，创新物流枢纽经营管理模式，探索建立国家物流枢纽建设运营参与企业的利益协同机制，培育协同高效的运营主体，提高枢纽组织效率。

目标及完成时限：2020 年底前，争取培育 10 家左右国家物流枢纽建设运营标杆企业，形成可推广、可复制的枢纽建设运营经验。

2. 国家物流枢纽联盟工程。发挥行业协会等作用，支持和推动枢纽建设运营企业成立国家物流枢纽联盟。发挥骨干企业网络化经营优势，推动国家物流枢纽之间加强业务对接，积极推进要素流动、信息互联、标准协同等合作机制建设，加快推动形成国家物流枢纽网络。

目标及完成时限：2020 年底前，依托已投入运行的国家物流枢纽，成立国家物流枢纽联盟，在信息互联互通、标准规范对接等方面取得突破。2025 年底前，基本形成稳定完善的国家物流枢纽合作机制，力争将已建成的国家物流枢纽纳入联盟，形成顺畅衔接、高效运作的国家物流枢纽网络。

五、构建国家物流枢纽网络体系，提升物流运行质量

（一）建设国家物流枢纽干线网络体系。

构建国内物流干线通道网络。鼓励国家物流枢纽间协同开展规模化物流业务，建设高质量的干线物流通道网络。重点加快发展枢纽间的铁路干线运输，优化运输组织，构建便捷高效的铁路货运网络。鼓励陆港型、生产服务型枢纽推行大宗货物铁路中长期协议运输，面向腹地企业提供铁路货运班列、点到点货运列车、大宗货物直达列车等多样化铁路运输服务；支持陆港型、港口型、商贸服务型枢纽间开行“钟摆式”铁路货运专线、快运班列，促进货物列车客车化开行，提高铁路运输的稳定性和准时性，优先鼓励依托全国性和区域性铁路物流中心培育发展陆港型枢纽；加密港口型枢纽间的沿海沿江班轮航线网络，提升长江中上游港口码头基础配套水平和货物集散能力；拓展空港型枢纽货运航线网络，扩大全货机服务覆盖范围。完善进出枢纽的配套道路设施建设，提高联运疏解效率。

提升国际物流网络化服务水平。提高国家物流枢纽通关和保税监管能力，支持枢纽结合自身货物流向拓展海运、空运、铁路国际运输线路，密切与全球重要物流枢纽、能源与原材料产地、制造业基地、贸易中心等的合作，为构建“全球采购、全球生产、全球销售”的国际物流服务网络提供支撑。促进国家物流枢纽与中欧班列融合发展，指导枢纽运营主体集中对接中欧班列干线运力资源，加强分散货源组织，提高枢纽国际货运规模化组织水平。充分发挥中欧班列国际铁路合作机制作用，强化国家物流枢纽与国外物流节点的战略合作和业务联系，加强中欧班列回程货源组织，进一步提高运行质量。发挥陆上边境口岸型枢纽的辐射作用，加强与“一带一路”

沿线国家口岸相关设施的功能衔接、信息互联，加强单证规则、检验检疫、认证认可、通关报关、安全与应急等方面的国际合作，畅通陆路双向贸易大通道。

（二）依托国家物流枢纽加快多式联运发展。

加强干支衔接和组织协同。充分发挥国家物流枢纽的资源集聚和区域辐射作用，依托枢纽网络开发常态化、稳定化、品牌化的“一站式”多式联运服务产品。推动港口型枢纽统筹对接船期、港口装卸作业、堆存仓储安排和干线铁路运输计划。鼓励空港型枢纽开展陆空联运、铁空联运、空空中转，发展“卡车航班”，构建高价值商品的快捷物流服务网络。支持具备条件的国家物流枢纽建立“公共挂车池”，发展甩挂运输，试点开展滚装运输；支持建设多式联运场站和吊装、滚装、平移等快速换装转运设施，加快发展国内国际集装箱公铁联运和海铁联运。

创新标准形成和应用衔接机制。支持和引导国家物流枢纽采用已发布的快递、仓储、冷链、口岸查验等推荐性国家标准和行业标准，严格执行有关规划建设和安全作业标准。研究国家物流枢纽间多式联运转运、装卸场站等物流设施标准，完善货物装载要求、危险品界定等作业规范，加强物流票证单据、服务标准协调对接。充分发挥物流骨干企业作用，通过高频次、规模化、市场化的物流活动，推动多式联运服务、设施设备等标准进一步衔接，重点在水铁、公铁联运以及物流信息共享等领域，探索形成适应枢纽间多式联运发展的市场标准，为制定国家和行业有关标准提供依据。

推广多式联运“一单制”。研究在国家物流枢纽间推行集装箱多式联运电子化统一单证，加强单证信息交换共享，实现“一单制”物流全程可监测、可追溯。加强不同运输方式在货物交接、合同运单、信息共享、责任划分、保险理赔等方面的制度与规范衔接。鼓励企业围绕“一单制”物流创新业务模式，拓展统一单证的金融、贸易、信用等功能，扩大单证应用范围，强化与国际多式联运规则对接，推动“一单制”物流加快发展。

（三）打造高效专业的物流服务网络。

现代供应链。促进国家物流枢纽与区域内相关产业协同联动和深度融合发展，打造以国家物流枢纽为核心的现代供应链。鼓励和引导制造、商贸、物流、金融等企业，依托国家物流枢纽实现上下游各环节资源优化整合和高效组织协同，发展供应链库存管理、生产线物流等新模式，满足敏捷制造、准时生产等精益化生产需要；探索发展以个性化定制、柔性化生产、资源高度共享为特征的虚拟生产、云制造等现代供应链模式，提升全物流链条价值创造能力，实现综合竞争力跃升。

邮政快递物流。推动邮政和快递物流设施与新建国家物流枢纽同步规划、同步建设，完善提升已有物流枢纽的邮件快件分拨处理功能。推动快递专业类物流园区改扩建，积极承接国家物流枢纽功能。提升邮件快件分拨处理智能化、信息化、绿色化水平。鼓励发展航空快递、高铁快递、冷链快递、电商快递、跨境寄递，推动快递物流与供应链、产业链融合发展。支持建设国际邮件互换局（交换站）和国际快件监管中心。

电子商务物流。鼓励和支持国家物流枢纽增强电子商务物流服务功能，发挥干线与区域分拨网络作用，为电商提供覆盖更广、效率更高的专业物流服务，促进农村电子商务物流体系建设，推动农产品“上行”和工业品“下行”双向高效流通，提高电子商务物流服务的时效性、准确性。鼓励国家物流枢纽综合信息服务平台与电子商务物流信息平台对接，推动国家物流枢纽网络与电子商务网络信息互联互通，实现“双网”融合。增强国家物流枢纽在跨境电商通关、保税、结算等方面的功能，提高枢纽支撑电子商务物流一体化服务的能力。

冷链物流。引导冷链物流设施向国家物流枢纽集聚，促进冷链物流规模化发展。鼓励国家物流枢纽高起点建设冷链物流设施，重点发展流通型冷库、立体库等，提高冷链设施供给质量。鼓励企业依托国家物流枢纽建设面向城市消费的低温加工处理中心，开展冷链共同配送、“生鲜电商＋冷链宅配”等新模式；大力发展铁路冷藏运输、冷藏集装箱多式联运。依托国家物流枢纽综合信息服务平台，加强全程温度记录和信息追溯，促进消费升级，保障食品质量安全。

大宗商品物流。鼓励粮食、棉花等大宗商品物流嵌入国家物流枢纽服务系统，通过供应链信息协同、集中存储、精细化生产组织等方式，加快资源产地、工业聚集区、贸易口岸的物流组织变革，推动大宗商品物流从以生产企业安排为主的传统模式向以枢纽为载体的集约模式转型，促进枢纽与相关生产企业仓储资源合理配置，进一步降低库存和存货资金占用。发展铁路散粮运输、棉花集装箱运输和能源、矿产品重载运输，推动运输结构调整。

驮背运输。依托国家物流枢纽在具备条件的地区选择适合线路发展驮背运输，充分发挥驮背运输安全可靠、节能环保、运输灵活等优势。加强国家物流枢纽网络的驮背运输组织体系建设，完善与既有铁路、公路运输体系的高效衔接，进一步推动公铁联运发展，促进货物运输“公转铁”。

航空物流。促进国家物流枢纽与机场等航空货运基础设施协同融合发展，加强设施联通和流程对接。依托国家物流枢纽创新航空货运产品体系和业务模式，为集成电路等高端制造业以及生鲜冷链等高附加值产业发展提供高效便捷的物流服务支撑，优化提升航空物流产业链，增强服务实体经济能力。

应急物流。发挥国家物流枢纽网络功能和干线转运能力优势，构建应对突发情况能力强、保障效率和可靠性高的应急物流服务网络。优化存量应急物资储备设施布局，完善枢纽综合信息平台应急功能，提升统一调度、信息共享和运行协调能力。研究制定枢纽应急物流预案，建立制度化的响应机制和协同机制，确保应急物流运行迅速、精准、顺畅。

（四）促进国家物流枢纽网络军民融合发展。

按照军民融合发展战略和国防建设有关要求，明确有关枢纽设施服务军事物流的建设内容和标准，支持军队后勤保障社会化。根据军事物流活动保密性、时效性、优先性等要求，拓宽军队使用地方运力、仓储设施、交通网络等物流资源的工作渠道，打通军地物流信息系统数据安全交换通道，建设物流信息资源军地共享平台，建立枢纽服务军事物流需求的运行机制，利用国家物流枢纽的干线调配能力和快速分拨网络服务军事物流需要。

专栏 3　国家物流枢纽服务能力提升工程

1. 内陆集装箱体系建设工程。结合我国国情和物流业发展实际，研究推广尺寸和类型适宜的内陆集装箱，完善相关技术标准体系。加强载运工具、转运设施等与内陆集装箱标准间的衔接，在国家物流枢纽网络内积极开展内陆集装箱多式联运，形成可复制的模式后逐步推广。

目标及完成时限：2020 年底前，在部分国家物流枢纽间试点建立“钟摆式”内陆集装箱联运体系。

2. 枢纽多式联运建设工程。加快国家物流枢纽集疏运铁路、公路和多式联运转运设施建设，建立规模化、专业化的集疏运分拨配送体系。研究制定满足多式联运要求的快速中转作业流程和服务规范。依托统一单证探索开展“一单制”物流。

目标及完成时限：2020年底前，在已投入运行的国家物流枢纽间初步建立多式联运体系，标准化联运设施设备得到推广应用，多式联运相关的服务规范和运行规则建设取得积极进展。

2025年底前，多式联运体系基本建成，先进的标准化联运设施设备得到大规模应用，多式联运相关的服务规范和运行规则基本形成，“一单制”物流加快发展。

3. 枢纽铁路专用线工程。支持国家物流枢纽新建或改扩建铁路专用线，简化铁路专用线建设审批程序，建立专用线共建共用机制，提高国家物流枢纽内铁路专用线密度，加强装卸场站等联运换装配套设施建设。重点推进港口型枢纽建设连接码头堆场、铁路干线的专用线，鼓励有需要、有条件的铁路专用线向码头前沿延伸。鼓励具备条件的空港型枢纽加强铁路专用线建设。

目标及完成时限：结合国家物流枢纽建设持续推进。除空港型、部分陆上边境口岸型外，已投入运行的国家物流枢纽均具备铁路专用线，实现与铁路运输干线以及港口等交通基础设施有效联接。

4. 枢纽国际物流功能提升工程。支持基础条件好的国家物流枢纽扩大国际物流业务，建设全球转运中心、分拨中心，拓展全球交易中心、结算中心功能，积极推进中国标准“走出去”并与国际标准对接，提高在世界物流和贸易网络中的影响力。

目标及完成时限：2020年底前，建设5～10个具有较强国际竞争力的国家物流枢纽，健全通达全球主要经济体的国际物流服务网络，辐射带动更多枢纽提升国际物流功能。

5. 标准化装载器具推广应用工程。重点加强集装箱、集装袋、周转箱等载运工具和托盘（1200mm×1000mm）、包装基础模数（600mm×400mm）在国家物流枢纽推广应用，促进不同物流环节、不同枢纽间的设施设备标准衔接，提高标准化装载器具循环共用水平。

目标及完成时限：到2020年，已投入运行的国家物流枢纽中标准托盘、集装箱、集装袋、周转箱等标准化装载器具得到广泛应用，基本建立标准化装载器具循环共用体系。

六、推动国家物流枢纽全面创新，培育物流发展新动能

（一）加强新技术、新装备创新应用。

促进现代信息技术与国家物流枢纽运营管理深度融合，提高在线调度、全流程监测和货物追溯能力。鼓励有条件的国家物流枢纽建设全自动化码头、“无人场站”、智能化仓储等现代物流设施。推广电子化单证，加强自动化控制、决策支持等管理技术以及场内无人驾驶智能卡车、自动导引车、智能穿梭车、智能机器人、无人机等装备在国家物流枢纽内的应用，提升运输、仓储、装卸搬运、分拣、配送等作业效率和管理水平。鼓励发展智能化的多式联运场站、短驳及转运设施，提高铁路和其他运输方式换装效率。加强物流包装物在枢纽间的循环共用和回收利用，推广使用可循环、可折叠、可降解的新型物流设备和材料，鼓励使用新能源汽车等绿色载运工具和装卸机械，配套建设集中式充电站或充电桩，支持节能环保型仓储设施建设，降低能耗和排放水平。

（二）发展物流新业态新模式。

高效响应物流市场新需求。适应产业转型、内需扩大、消费升级带来的物流需求变化，加强国家物流枢纽与腹地生产、流通、贸易等大型企业的无缝对接，提高市场感知能力和响应力。发展集中仓储、共同配送、仓配一体等消费物流新模式，构建以国家物流枢纽为重要支撑的快速送达生活物流圈，满足城乡居民小批量、多批次、个性化、高品质生活物流需求。引导国家物流枢纽系统对接国际物流网络和全球供应链体系，支持中欧班列、跨境电商发展。鼓励大型物流企业依托国家物流枢纽开展工程设备、大宗原材料的国际工程物流服务。

鼓励物流枢纽服务创新。建立国家物流枢纽共享业务模式，通过设施共建、产权共有、利益协同等方式，引导企业根据物流需求变化合理配置仓储、运力等资源。加强基础性、公共性、联运型物流设施建设，强化物流枢纽社会化服务功能，提高设施设备共享共用水平。发展枢纽平台业务模式，将枢纽内分散的物流业务资源向枢纽平台整合，以平台为窗口加强业务资源协作，统一对接上游产业物流需求和下游物流服务供给。拓展枢纽供应链业务模式，发挥国家物流枢纽在区域物流活动中的核心作用，创新枢纽的产业服务功能，依托国家物流枢纽深化产业上下游、区域经济活动的专业化分工合作，推动枢纽向供应链组织中心转变。

（三）打造特色鲜明的枢纽经济。

引导地方统筹城市空间布局和产业发展，充分发挥国家物流枢纽辐射广、成本低、效率高的优势，带动区域农业、制造、商贸等产业集聚发展，打造形成各种要素大聚集、大流通、大交易的枢纽经济，不断提升枢纽的综合竞争优势和规模经济效应。依托陆港型枢纽，加快推进与周边地区要素禀赋相适应的产业规模化发展。依托港口型枢纽，优先推进临港工业、国际贸易、大宗商品交易等产业联动发展。依托空港型枢纽，积极推进高端国际贸易、制造、快递等产业提质升级。依托生产服务型枢纽，着力推进传统制造业供应链组织优化升级，培育现代制造业体系。依托商贸服务型枢纽，重点推进传统商贸向平台化、网络化转型，带动关联产业集群发展壮大。依托陆上边境口岸型枢纽，推进跨境电商、进出口加工等产业聚集发展，打造口岸产业集群。

专栏 4 国家物流枢纽创新驱动工程

1. 枢纽经济培育工程。发挥国家物流枢纽要素聚集和辐射带动优势，推进东部地区加快要素有机融合与创新发展，提高经济发展效益和产业竞争力，培育一批支撑产业升级和高质量发展的枢纽经济增长极；推进中西部地区加快经济要素聚集，促进产业规模化发展，培育一批带动区域经济增长的枢纽经济区。

目标及完成时限：2025 年底前，依托国家物流枢纽及相关产业要素资源，推动 20 个左右承载城市发展各具特色的枢纽经济，探索形成不同区域、不同类型国家物流枢纽支撑和带动经济发展的成熟经验。

2. 枢纽业务模式创新培育工程。支持和引导国家物流枢纽开展物流线上线下融合、共同配送、云仓储、众包物流等共享业务。在平台开展物流对接业务的基础上，进一步拓展交易担保、融资租赁、质押监管、信息咨询、金融保险、信用评价等增值服务，搭建物流业务综合平台。结合枢纽供应链组织中心建设，提高枢纽协同制造、精益物流、产品追溯等服务水平，有序发展供应链金融，鼓励开展市场预测、价格分析、风险预警等信息服务。

目标及完成时限：2025 年底前，建设 30 个左右体现共享型、平台型、供应链组织型特色的国家物流枢纽。

3. 智能快递公共枢纽建设工程。依托国家物流枢纽，建设一批信息化、标准化、智能化、绿色化特征显著，设施配套、运行高效、开放共享的国际和国内快递公共枢纽，推进快递与上下游行业信息联通、货物畅通、资金融通，促进快递运转效率进一步提升。

目标及完成时限：2025 年底前，基于国家物流枢纽的快递高效服务网络基本建立，联结并辐射国际重要节点城市，实现物品安全便捷寄递。

七、加强政策支持保障，营造良好发展环境

（一）建立完善枢纽建设协调推进和动态调整机制。

充分发挥全国现代物流工作部际联席会议作用，建立国家物流枢纽培育和发展工作协调机制，统筹推进全国物流枢纽布局和规划建设工作。在符合国土空间规划的基础上加强与综合交通运输规划等的衔接。研究制定国家物流枢纽网络建设实施方案，有序推动国家物流枢纽建设。建立国家物流枢纽定期评估和动态调整机制，在规划实施过程中，对由市场自发建设形成且对完善国家和区域物流网络具有重要意义的枢纽和所在城市及时调整纳入规划范围，享受相关政策；对枢纽长期达不到建设要求或无法有效推进枢纽实施的承载城市要及时调出。有关地方要加强部门间的协调，扎实推进相关工作，形成工作合力和政策协同。

（二）优化枢纽培育和发展环境。

持续深化物流领域“放管服”改革，打破阻碍货畅其流的制度藩篱，支持国家物流枢纽的运营企业通过技术创新、模式创新、管理创新等方式提升运营水平，为入驻企业提供优质服务。规范枢纽内物流服务企业的经营行为，严格执行明码标价有关规定，坚决消除乱收费、乱设卡等推高物流费用的“痼疾”。适当下浮枢纽间铁路干线运输收费，适当提高中西部地区铁路运输收费下浮比例。研究内陆地区国家物流枢纽实施陆港启运港退税的可行性。鼓励地方政府在国家物流枢纽统筹设立办事服务机构，支持交通、公安、市场监管、税务、邮政等部门进驻枢纽并开展联合办公。在全国信用信息共享平台和国家企业信用信息公示系统中，完善枢纽物流服务企业信用信息，增强企业信用信息记录和查询服务功能，落实企业失信联合惩戒制度，为国家物流枢纽发展提供良好信用环境。

（三）完善规划和用地支持政策。

对国家物流枢纽范围内的物流仓储、铁路站场、铁路专用线和集疏运铁路、公路等新增建设用地项目，经国务院及有关部门审批、核准、备案的，允许使用预留国家计划；地方相关部门审批、核准、备案的，由各省（区、市）计划重点保障。鼓励通过“先租后让”、“租让结合”等多种方式供应土地。对因建设国家物流枢纽需调整有关规划的，要积极予以支持。利用国家物流枢纽中的铁路划拨用地用于物流相关设施建设，从事长期租赁等物流经营活动的，可在五年内实行继续按原用途和土地权利类型使用土地的过渡期政策，期满及涉及转让需办理相关用地手续的，可按新用途、新权利类型和市场价格以协议方式办理。加强国家物流枢纽空间布局与城市功能提升的衔接，确保枢纽用地规模、土地性质和空间位置长期稳定。研究制定合理的枢纽容积率下限，提高土地资源利用效率。

（四）加大投资和金融支持力度。

中央和地方财政资金利用现有渠道积极支持枢纽相关设施建设。研究设立国家物流枢纽中央预算内投资专项，重点支持国家物流枢纽铁路专用线、多式联运转运设施、公共信息平台、军民合用物流设施以及内部道路等公益性较强的基础设施建设，适当提高中西部地区枢纽资金支持比例。中央财政投资支持的国家物流枢纽项目需签订承诺书，如改变项目土地的物流用途等，须连本带息退还中央财政资金。引导商业金融机构在风险可控、商业可持续条件下，积极支持国家物流枢纽设施建设。支持符合条件的国家物流枢纽运营主体通过发行公司债券、非金融企业债务融资工具、企业债券和上市等多种方式拓宽融资渠道。按照市场化运作原则，支持大型物流企业或金融机构等设立物流产业发展投资基金，鼓励包括民企、外企在内的各类社会资本共同参与国家物流枢纽规划建设和运营。

（五）加强规划组织实施。

各地区、各部门要按照职责分工，完善细化相关配套政策措施，认真落实规划各项工作任务。各省级发展改革部门要会同交通运输等部门，根据本规划和相关工作方案要求，指导承载城市结合城市总体规划和本地区实际编制具体方案，并对照有关要求和重点任务，积极推进枢纽规划建设。已编制物流业发展规划的城市，应结合国家物流枢纽布局，对原有规划进行调整修编；尚未编制物流业发展规划的城市，按照本规划要求结合实际尽快统筹编制相关规划。国家物流枢纽运营主体要完善统计制度，加强数据收集和分析，定期报送相关运营情况。国家发展改革委、交通运输部要会同有关部门加强统筹协调和工作指导，及时协调解决规划实施中存在的问题，重大问题及时向国务院报告。

关于在一定期限内适当限制特定严重失信人乘坐火车 推动社会信用体系建设的意见

发改财金〔2018〕384 号

各省、自治区、直辖市、新疆生产建设兵团社会信用体系建设牵头单位、文明办、高级人民法院、财政厅（局）、人力资源社会保障厅（局）、国家税务局、地方税务局，中国证监会各派出机构，铁路运输企业、铁科院、各铁路公安局：

为深入学习贯彻习近平新时代中国特色社会主义思想和党的十九大精神，落实习近平总书记关于构建“一处失信、处处受限”信用惩戒大格局的重要指示，按照《国务院关于建立完善守信联合激励和失信联合惩戒制度加快推进社会诚信建设的指导意见》（国发

〔2016〕33号）要求，防范部分旅客违法失信行为对铁路运行安全的不利影响，进一步加大对其他领域严重违法失信行为的惩戒力度，现就限制特定严重失信人乘坐火车提出以下意见。

一、限制范围

（一）严重影响铁路运行安全和生产安全有关的行为责任人被公安机关处罚或铁路站车单位认定的

1. 扰乱铁路站车运输秩序且危及铁路安全、造成严重社会不良影响的；

2. 在动车组列车上吸烟或者在其他列车的禁烟区域吸烟的；

3. 查处的倒卖车票、制贩假票的；

4. 冒用优惠（待）身份证件、使用伪造或无效优惠（待）身份证件购票乘车的；

5. 持伪造、过期等无效车票或冒用挂失补车票乘车的；

6. 无票乘车、越站（席）乘车且拒不补票的；

7. 依据相关法律法规应予以行政处罚的。

对上述行为责任人限制乘坐火车。

（二）其他领域的严重违法失信行为有关责任人

1. 有履行能力但拒不履行的重大税收违法案件当事人；

2. 在财政性资金管理使用领域中存在弄虚作假、虚报冒领、骗取套取、截留挪用、拖欠国际金融组织和外国政府到期债务的严重失信行为责任人；

3. 在社会保险领域中存在以下情形的严重失信行为责任人：用人单位未按相关规定参加社会保险且拒不整改的；用人单位未如实申报社会保险缴费基数且拒不整改的；应缴纳社会保险费且具备缴纳能力但拒不缴纳的；隐匿、转移、侵占、挪用社会保险基金或者违规投资运营的；以欺诈、伪造证明材料或者其他手段骗取社会保险待遇的；社会保险服务机构违反服务协议或相关规定的；拒绝协助社会保险行政部门对事故和问题进行调查核实的；

4. 证券、期货违法被处以罚没款，逾期未缴纳的；上市公司相关责任主体逾期不履行公开承诺的；

5. 被人民法院按照有关规定依法采取限制消费措施，或依法纳入失信被执行名单的；

6. 相关部门认定的其他限制乘坐火车高级别席位的严重失信行为责任人，相关部门加入本文件的，应当通过修改本文件的方式予以明确。

对上述行为责任人限制乘坐火车高级别席位，包括列车软卧、G字头动车组列车全部座位、其他动车组列车一等座以上座位。

二、信息采集

（一）铁路旅客相关失信信息采集。

在铁路站车发生上述行为，被公安机关予以行政处罚或立为刑事案件的，由相关铁路公安局通报相关铁路局集团有限公司，并纳入惩戒名单。未被公安机关处理的上述行为，由铁路站车工作人员收集有关音视频证据或2名旅客以上的证人证言或行为责任人本人书面证明，报铁路运输企业审核、认定后，纳入惩戒名单。

（二）其他领域相关失信信息采集。

国家发展改革委、最高人民法院、财政部、人力资源社会保障部、税务总局、证监会将本部门确定的因发生严重失信行为需要纳入限制乘火车高级别席位的名单归集至全国信用信息共享平台，由平台推送给铁路总公司，由其按国家规定程序纳入限制乘火车高级别席位名单。如果之前已和铁路总公司建立数据传输通道的、实现名单信息共享的，可以保持原数据传统通道和信息共享方式，全国信用信息共享平台不再重复推送名单信息。

向铁路总公司提供的名单信息应当包括：被列入限制乘火车高级别席位名单人员的姓名、旅行证件号码、列入原因，有作为依据的法律文书的，还应当提供该法律文书的名称与编号。有关部门应当确定名单异议处理人，并通报铁路总公司。

三、发布执行和权利救济

各铁路运输企业每月第一个工作日在中国铁路客户服务中心（12306）网站、“信用中国”网站发布限制购买车票人员名单的完整信息，有关部门的异议处理人联系方式应当同时公布。名单自发布之日起 7 个工作日为公示期，公示期内，被公示人可通过铁路“12306”客服电话或向有关部门提出异议，公示期满，被公示人未提出异议或者提出异议经审查未予支持的，各铁路运输企业开始按照公示名单执行惩戒措施。被纳入限制购买车票名单的人员认为纳入错误的，可以向有关机关、单位提起复核。

四、移除机制

对特定严重失信人在一定期限内适当限制乘坐火车。相关主体从限制乘火车人员名单中移除后，不再对其采取限制乘火车措施，具体移除办法如下：

（一）行为责任人发生严重影响铁路运行安全和生产安全有关行为第 1 ～ 3、7 条的，各铁路运输企业限制其购买车票，有效期为 180 天，自公布期满无有效异议之日起计算，180 天期满自动移除，铁路运输企业对其恢复发售车票。

（二）行为责任人发生严重影响铁路运行安全和生产安全有关

的行为第 4 ～ 6 条的，各铁路运输企业限制其购买车票。行为责任人补齐所欠票款后（自补票次日算起），铁路运输企业恢复发售车票；行为责任人补齐第一次所欠票款一年内，三次发生上述 4 ～ 6 条行为的，行为责任人补齐所欠票款 90 天后（含 90 天），铁路运输企业恢复发售车票，不补齐所欠票款，铁路运输企业不对其恢复发售车票。

（三）其他领域产生的限制乘坐火车高级别席位的相关人员名单，有效期为一年，自公示期满之日起计算，一年期满自动移除；在有效期内，其法定义务履行完毕的，有关部门应当在 7 个工作日内通知铁路总公司移除名单。

五、诉讼指导

最高人民法院加强对各级人民法院指导，依法处理因执行限制乘坐火车名单而引发的有关民事诉讼和行政诉讼，明确审理标准，公正司法，维护各方合法权益。

六、宣传工作

各相关部门及各铁路运输企业应当借助各类媒体平台，发挥舆论的宣传引导作用，大力开展铁路信用宣传普及教育活动。利用“诚信活动周”“安全生产月”“诚信兴商宣传月”“3 · 15 国际消费者权益保护日”“6 · 14 信用记录关爱日”“12 · 4 全国法制宣传日”等公益活动，有步骤、有重点地介绍宣传限制乘坐火车制度的内容和实施情况，帮助广大社会公众熟悉并监督这一制度的实施。

本通知自 2018 年 5 月 1 日起实施。

国家发展改革委
中央文明办
最高人民法院
财政部
人力资源社会保障部
税务总局
证监会
铁路总公司
2018 年 3 月 2 日

关于在一定期限内适当限制特定严重失信人乘坐民用航空器 推动社会信用体系建设的意见

发改财金〔2018〕385 号

各省、自治区、直辖市、新疆生产建设兵团社会信用体系建设牵头单位、文明办、高级人民法院、财政厅（局）、人力资源社会保障厅（局）、国家税务局、地方税务局，中国证监会各派出机构，民航各地区管理局，各运输（通用）航空公司、机场公司，中国民航信息集团、机场公安局：

为深入学习贯彻习近平新时代中国特色社会主义思想和党的十九大精神，落实习近平总书记关于构建“一处失信、处处受限”信用惩戒大格局的重要指示，按照《国务院关于建立完善守信联合激励和失信联合惩戒制度加快推进社会诚信建设的指导意见》（国发〔2016〕33 号）要求，防范部分旅客违法行为对民航飞行安全的不利影响，进一步加大对其他领域严重违法失信行为的惩戒力度，现就限制特定严重失信人乘坐民用航空器提出以下意见。

一、限制范围

（一）旅客在机场或航空器内实施下列行为被公安机关处以行政处罚或被追究刑事责任的。

1. 编造、故意传播涉及民航空防安全虚假恐怖信息的；

2. 使用伪造、变造或冒用他人乘机身份证件、乘机凭证的；

3. 堵塞、强占、冲击值机柜台、安检通道、登机口（通道）的；

4. 随身携带或托运国家法律、法规规定的危险品、违禁品和管制物品的；在随身携带或托运行李中故意藏匿国家规定以外属于民航禁止、限制运输物品的；

5. 强行登占、拦截航空器，强行闯入或冲击航空器驾驶舱、跑道和机坪的；

6. 妨碍或煽动他人妨碍机组、安检、值机等民航工作人员履行职责，实施或威胁实施人身攻击的；

7. 强占座位、行李架，打架斗殴、寻衅滋事，故意损坏、盗窃、擅自开启航空器或航空设施设备等扰乱客舱秩序的；

8. 在航空器内使用明火、吸烟、违规使用电子设备，不听劝阻的；

9. 在航空器内盗窃他人物品的。

（二）其他领域的严重违法失信行为有关责任人。

1. 有履行能力但拒不履行的重大税收违法案件当事人；

2. 在财政性资金管理使用领域中存在弄虚作假、虚报冒领、骗取套取、截留挪用、拖欠国际金融组织和外国政府到期债务的严重失信行为责任人；

3. 在社会保险领域中存在以下情形的严重失信行为责任人：用人单位未按相关规定参加社会保险且拒不整改的；用人单位未如实申报

社会保险缴费基数且拒不整改的；应缴纳社会保险费且具备缴纳能力但拒不缴纳的；隐匿、转移、侵占、挪用社会保险基金或者违规投资运营的；以欺诈、伪造证明材料或者其他手段骗取社会保险待遇的；社会保险服务机构违反服务协议或相关规定的；拒绝协助社会保险行政部门对事故和问题进行调查核实的；

4. 证券、期货违法被处以罚没款，逾期未缴纳的；上市公司相关责任主体逾期不履行公开承诺的；

5. 被人民法院按照有关规定依法采取限制消费措施，或依法纳入失信被执行人名单的；

6. 相关部门认定的其他限制乘坐民用航空器的严重失信行为责任人，相关部门加入本文件的，应当通过修改本文件的方式予以明确。

二、信息采集

（一）民航旅客相关失信信息采集。

民航局应当和公安机关、人民法院协调建立信息推送机制。因本意见第一部分第（一）项所列行为而被公安机关处罚或者被追究刑事责任的，由做出处罚决定的公安机关和做出判决的人民法院将名单推送民航局，由民航局按照规定程序纳入限制乘机名单。

（二）其他领域相关失信信息采集。

国家发展改革委、最高人民法院、财政部、人力资源社会保障部、税务总局、证监会将本部门确定的因发生严重失信行为需要纳入限制乘飞机的名单归集至全国信用信息共享平台，由平台推送给民航局，由其按规定程序纳入限制乘飞机名单。如果之前已和民航局建立数据传输通道的、实现名单信息共享的，可以保持原数据传统通道和信息共享方式，全国信用信息共享平台不再重复推送名单信息。

向民航局提供的名单信息应当包括：被列入限制乘机名单人员的姓名、旅行证件号码、列入原因，有作为依据的法律文书的，还应当提供该法律文书的名称与编号。有关部门应当确定名单异议处理人，并通报民航局。

三、发布执行和权利救济

民航局按照规定程序，每月第一个工作日在指定的民航网站和“信用中国”网站发布限制乘机名单信息，异议处理部门及联系方式应当同时公布。名单自发布之日起7个工作日为公示期，公示期内，被公示人可以向有关部门提出异议，公示期满，被公示人未提出异议或者提出异议经审查未予支持的，名单开始执行。被纳入限制乘机名单的人员认为纳入错误的，可以向有关机关、单位提起复核。

四、移除机制

对特定严重失信人在一定期限内适当限制乘坐民用航空器。相关主体从限制乘机人员名单中移除后，不再对其采取限制乘机措施，具体移除办法如下：

（一）因严重影响民航飞行安全和生产安全的特定严重失信人限制乘坐民用航空器的，有效期为一年，自公示期满之日起计算，一年期满自动移除。

（二）其他领域产生的限制乘坐民用航空器的相关人员名单，有效期为一年，自公示期满之日起计算，一年期满自动移除；在有效期内，其法定义务履行完毕的，有关部门应当在7个工作日内通知民航局移除名单。因押解犯罪嫌疑人或者犯罪人员需要乘坐飞机的，由押解部门向民航局提出申请后，予以暂时解除。

五、诉讼指导

最高人民法院加强对各级人民法院指导，依法处理因执行限制乘机名单而引发的有关民事诉讼和行政诉讼，明确审理标准，公正司法，维护各方合法权益。

六、宣传工作

本意见的签署单位以及各航空运输（通用）公司、机场公司、民航有关协会，应当借助各类媒体平台，发挥舆论的宣传引导作用，大力开展民航信用宣传普及教育活动。利用“诚信活动周”“安全生产月”“诚信兴商宣传月”“3·15 国际消费者权益保护日”“6·14 信用记录关爱日”“12·4 全国法制宣传日”等公益活动，有步骤、有重点地介绍宣传限制乘坐民用航空器制度的内容和实施情况，帮助广大社会公众熟悉并监督这一制度的实施。

本通知自 2018 年 5 月 1 日起实施。

国家发展改革委
民航局
中央文明办
最高人民法院
财政部
人力资源社会保障部
税务总局
证监会
2018 年 3 月 2 日

国家发展改革委办公厅关于加强城市轨道交通车辆投资项目监管有关事项的通知

发改办产业〔2018〕323号

各省、自治区、直辖市及计划单列市、新疆生产建设兵团发展改革委，有关中央企业，中国城市轨道交通协会：

为深入学习贯彻习近平新时代中国特色社会主义思想和党的十九大精神，深入推进供给侧结构性改革，加强城市轨道交通（以下简称城轨）车辆投资项目监管，有效预防和化解产能过剩，推动城轨装备产业高质量发展，现就有关事项通知如下。

一、加强产能监测预警

（一）建立产能信息报送制度。

省级发展改革委、有关中央企业要建立产能监测体系，对本地区、本企业的城轨车辆制造、组装和牵引、制动、信号系统产能等情况进行调查，包括已建成、在建、规划建设的产能规模以及工程建设进度、产品产销、产能利用率等情况，于每年3月底前将上年度情况报送国家发展改革委产业协调司。

（二）加强产能发布和预警。

国家发展改革委产业协调司组织中国城市轨道交通协会和相关单位，建立城轨车辆产能预警机制，深入开展产能核查和分析评估，通过全国投资项目在线审批监管平台及时发布产能变动和预警信息，制定完善政策措施，加强对有关地区和企业的指导。

（三）引导企业合理投资。

省级发展改革委、有关中央企业要根据城轨车辆市场供需、产能预警情况，及时采取切实有效措施，加强对本地区和所属企业的指导、监督，引导企业投资和市场预期，避免盲目投资，使本地区、本企业产能利用率保持在合理水平。中国城市轨道交通协会要围绕防范和化解产能过剩，积极开展政策解读、新闻宣传、调查研究等工作，进一步加强行业自律，引导会员企业合理投资。

二、完善投资项目监管

（一）明确项目管理监督责任。

省级发展改革委要健全投资项目备案规则和程序，严格执行项目代码制度，制定城轨车辆及牵引、制动、信号系统投资项目管理办法，依法依规办理投资项目备案。按照谁审批谁监管、谁主管谁监管的原则，及时掌握投资项目建设进展情况，加强对城轨车辆及牵引、制动、信号系统投资项目的事中事后监管。

（二）严控城轨车辆新增产能。

省级发展改革委要采取有效措施，严格控制本地区城轨车辆新增产能。城轨车辆产能利用率低于 80% 的地区，不得新增城轨车辆产能。企业申请建设扩大城轨车辆产能项目，上两个年度产能利用率应均高于 80%。

（三）提高投资项目技术要求。

省级发展改革委要加强城轨车辆及牵引、制动、信号系统投资项目管理。城轨车辆投资项目应包含车体、转向架的研发、试验、检测、制造以及列车网络控制系统开发等建设内容。牵引系统投资项目应包含牵引变流器、辅助变流器、电机等关键总成制造、集成以及研发、试验、检测等建设内容。制动系统投资项目应包含制动控制单元、基础制动等子系统制造、集成以及研发、试验、检测等建设内容。信号系统投资项目应包含列车自动监控系统（ATS）、自动防护（ATP）、自动驾驶（ATO）和联锁（CI）等子系统研制、集成以及测试验证等建设内容。

三、加快产业结构调整

（一）优化产业布局结构。

省级发展改革委、有关中央企业等要加强城轨车辆产业发展与国家现代综合交通运输体系发展规划、城轨建设规划的衔接，以城轨建设实际需求为导向，在严控新增产能的前提下，积极调整优化产业布局，推动产能向产业基础扎实、配套体系完善、竞争优势明显的地区聚集，着力构建分工合理、优势互补、各具特色的产业发展格局。

（二）推动企业业务转型。

省级发展改革委、有关中央企业等要采取有效措施，按照“转型、整合、转移、退出”的思路，积极调整现有城轨车辆制造、组装企业业务结构，推动一批企业逐步转向城轨车辆的架修、大修和维保业务，推动一批企业进行区域优化整合、压缩产能规模，推动一批企业开展国际产能合作、积极探索产能转移途径，推动一批企业发展绿色智能交通等新兴业务。

（三）提升企业竞争实力。

城轨装备制造企业要加强自主创新能力建设，加快掌握核心技术，研发先进适用的城轨车辆，形成自主知识产权，提高自主化、智能化、绿色化、服务化水平。要加强资本、技术等合作，积极开展兼并重组和战略协作，不断增强市场竞争力。

四、促进产业规范发展

（一）构建中国标准城轨装备体系。

中国城市轨道交通协会、城轨装备制造企业要积极开展城轨车辆等标准制修订，发展团体标准、企业标准，完善城轨装备标准规范。加快构建中国标准城轨装备体系，制定城轨车辆等装备选型技术指引，推动装备统型，为预防和化解产能过剩提供支撑。

（二）加快实施城轨装备认证。

省级发展改革委要大力推动城轨车辆等装备认证，积极引导城轨装备制造企业开展认证。在市场准入、推广应用等环节，加大城轨车辆等装备认证采信力度，鼓励优先使用认证产品，提高市场准入门槛，倒逼落后产能退出。

（三）加强城轨项目招投标监管。

省级发展改革委要加强对城轨项目招投标活动的监督管理，对违法将项目招标投标与生产企业投资设厂相捆绑等行为，严格予以查处，坚决遏制地方保护主义，维护市场秩序。要创新招投标方式方法，大力推广电子招投标，实行全流程在线交易、信息公开和动态监督，营造良好的市场环境。

国家发展改革委办公厅

2018 年 3 月 9 日

附录三
重大项目

港珠澳大桥

2018年10月23日，中共中央总书记、国家主席、中央军委主席习近平宣布港珠澳大桥正式开通。他指出，港珠澳大桥的建设创下多项世界之最，非常了不起，体现了一个国家逢山开路、遇水架桥的奋斗精神，体现了我国综合国力、自主创新能力，体现了勇创世界一流的民族志气。

港珠澳大桥跨越伶仃洋，东接香港特别行政区，西接广东省珠海市和澳门特别行政区，是"一国两制"框架下粤港澳三地首次合作共建的超大型跨海通道工程。项目从立项至交工验收历时21年，其中建设时间为11年。1997年12月30日，伶仃洋大桥（港珠澳大桥的前称）项目被正式批准立项。2009年10月，港珠澳大桥工程可行性研究获得国务院常务会议批准。2009年12月15日，港珠澳大桥工程开工建设。2017 年 7 月 7 日，港珠澳大桥主体工程全线贯通。2018 年 2 月，港珠澳大桥主体工程通过交工验收，具备通车试运营条件。

港珠澳大桥总长约 55 公里，采用双向六车道技术标准，设计时速 100 公里，设计使用寿命 120 年，能抗 16 级台风、8 级地震，总投资约 1200 亿元人民币。大桥由海中部分主体工程、两个口岸人工岛、三条连接线组成。其中，海中部分主体工程总长约 29.6 公里，包括 22.9 公里长的桥梁段和 6.7 公里长的岛隧工程，也就是西人工岛、东人工岛和 5664 米长的海底隧道。两个口岸人工岛分别是珠澳口岸人工岛和香港口岸人工岛。三条连接线分别是珠海连接线、澳门连接线和香港连接线。珠海连接线衔接珠海公路口岸，与珠海西部沿海高速公路月环至南屏支线延长线相连，将大桥纳入国家高速公路网络。

十几年来，我国建设者以“走钢丝”的慎重和专注，经受了无数没有先例的考验，交出了出乎国内外专家预料的答卷，将港珠澳大桥打造成为世纪工程。大桥在设计理念、建造技术、施工组织、管理模式等方面进行了一系列创新，标志着我国隧岛桥设计施工管理水平走在了世界前列，是我国经济、科技、教育、装备、技术、工艺工法发展到一定程度上集成式创新的结果。

港珠澳大桥主体工程由粤、港、澳三方政府共同组建的港珠澳大桥管理局负责建设、运营、管理和维护，三地口岸及连接线由各自政府分别建设和运营。在大桥上，三地口岸由三地政府各自负责设立和管理，均位于各自属地内。其中，因为地理位置的便利性，珠海和澳门口岸在同一人工岛上，由廊桥相连，采取“合作查验、一次放行”的创新模式。目前，港珠澳大桥全线设置 1 处主线收费站，在收费站共设置了双向 20 条车道，所有车道均支持 ETC 收费和

MTC 收费功能。采用“内地国标卡 + 香港快易通”的双 ETC 系统兼容模式，方便香港两地牌车辆使用不停车收费系统以及货车使用不停车收费系统。

港珠澳大桥的通车，让香港到珠海、澳门的陆地通行时间，从原本的 3 小时减少到 30 分钟，极大完善了粤港澳大湾区的交通运输发展格局，促进三地之间形成“一小时生活圈”，对于支持香港和澳门融入国家发展大局具有重要意义。同时，联通条件的改善显著降低了人流、物流和资金流等多方面的交往成本，有利于三地人员交流和经贸往来，加快推动城市间生产要素的流动，区域要素将根据自身条件优化其组合，从而实现资源和要素效益的最大化，促进区域产业转型升级和协调发展，提升粤港澳大湾区的国际竞争力。

附录四
综合运输高端智库

分析大趋势　研究大战略　推进大项目

——纪念国家发展和改革委员会综合运输研究所建所60周年

国家发展和改革委员会综合运输研究所（简称综合运输研究所）因综合运输而生、依综合运输而发展、依改革开放而兴盛，已在服务国家、服务地方、服务社会中走过了60个春秋。综合运输研究所是中国宏观经济领域唯一从事综合性交通运输发展战略、管理政策与决策支持的专业研究咨询机构，是首批国家高端智库建设试点单位中国宏观经济研究院专业从事综合运输研究的智库机构。

我国的综合运输研究起自20世纪50年代，1957年2月，副总理聂荣臻批示同意筹建综合运输研究所。1958年9月，中组部任命国务院第六办公室副主任张国坚同志任综合运输研究所所长，负责具体筹建工作。1959年，综合运输研究所正式成立，建制归中国科学院，业务上受国家经济委员会领导，时任国家经委副主任张国坚同志兼任第一任所长。1974年，综合运输研究所撤销建制，原来自铁路系统的约60位同志为基础组建铁道规划院，原来自交通系统的同志调至交通部机关及部属单位。1978年，经国务院批准，恢复综合运输研究所建制，由国家经委领导，原来调到铁道部和交通部的科研人员大部分归建。1988年国家经委与国家计委职能合并，综合运输研究所隶属国家计划委员会，并随之后的国家机构改革，研究所名称经历国家发展计划委员会综合运输研究所、国家发展和改革委员会综合运输研究所。

综合运输研究所经历次体制变更和改革，甚至中途撤销，也经历了顺应经济社会发展需要多次内部研究机构、研究体制的改革，但综合运输内核始终未变，并随着我国交通运输事业的发展，综合运输发展问题一直受到党和国家的高度重视。结合中国国情和发展阶段需要，综合运输研究所为主体提出和不断丰富完善的综合运输体系理论、观点得到党和国家的肯定，支撑了相关规划的编制和政策的制定，同时也得到交通运输业界的广泛认同。“综合运输研究所在各个时期为我国交通运输的发展发挥了重要的决策参谋作用，取得了丰硕的科研成果，得到了国家有关领导的充分肯定”（朱之鑫，2009年）。综合运输研究所始终走在综合运输理论与政策研究的前列，是我国综合运输体系理论的发源地、综合运输政策研究的主力军。

高端的研究领域 综合运输研究所以促进各种运输方式合理分工、有机衔接、高质量综合发展为宗旨，针对国家、区域、省、城市群、城际、城市、城乡等不同空间范围，开展综合交通运输中长期发展战略、基础设施布局规划、综合交通枢纽规划、重大交通项目技术经济论证等研究咨询；以提升交通运输与物流产业发展质量与效益为原则，为中央和地方各级政府部门提供交通投融资、交通新技术、行业管理、现代物流、旅客运输等方面的发展政策和咨询建议；以做大、做强综合交通运输服务业为目标，为交通运输与物流企业提供管理模式、经营战略、项目操作实施等咨询服务。为服务经济高质量发展和交通强国建设，积极开展交通运输与资源、环境等协调发展，交通运输与经济社会融合发展，交通新领域、新业态、新模式等创新研究，开创性地拓展了枢纽经济、交通与物流产业整合和融合研究领域，不断深化交通运输经济理论与实践；结合“一带一路”建设，从区域乃至全球视角开展基础设施互联互通、国际化运输服务等研究和咨询服务，为相关部门和企业提供高端决策支持。

一流的研究队伍 综合运输研究所自成立以来，始终高度重视人才培养和营造成长环境，在各个时期均涌现出一批通晓国内外交通运输经济、技术、管理理论，实践经验丰富、政策水平高、高知名度的专家学者。目前，全所共有研究员 8 人、副研究员 26 人，高级职称研究人员占总人数的 52%，具有博士学位研究人员占总人数的 38%，保持了一流的、梯队完整的、知识结构合理的研究队伍。

丰硕的研究成果 自 20 世纪 80 年代以来，综合运输研究所主持或参与的研究项目共获得 6 项国家级、30 多项省部级科技进步奖或优秀成果奖，其中，《2000 年我国交通运输技术政策》获得国家科技进步一等奖，成为交通运输领域软科学研究的最高成就。出版有关综合交通运输和物流领域学术著作 50 多部，不同时期为国家和地方政府提供的规划咨询研究成果转化为各级政府实操性规划或政策文件。综合运输研究所一直致力于为国家宏观决策，为地方交通运输与物流发展服务，为企业转型和提升发展献计献策。综合运输研究所参与国家历个五年综合交通运输体系发展规划、中长期铁路网规划、国家物流枢纽布局和建设规划、营造良好市场环境推动交通物流融合发展实施方案、进一步加强城市轨道交通规划建设管理的意见等国家级规划、重要政策的研究支撑和起草工作。2015 年以来，综合运输研究所有 50 篇研究成果获得国家领导和省部级领导批示，成为国家运输经济政策研究的孵化器。

广泛的交流合作　综合运输研究所注重与国内交通运输领域的相关科研机构加强交流合作，并具有与宏观经济其他领域科研机构便利合作的优势。与日本运输政策研究所、韩国交通研究院等国家交通运输研究机构以及世界银行等国际组织建立了稳定的交流合作机制。